股权激励
与
合伙人制度

落·地·机·制

程浩南 ◎ 编著

民主与建设出版社
·北京·

© 民主与建设出版社，2022

图书在版编目（CIP）数据

股权激励与合伙人制度落地机制 / 程浩南编著 . -- 北京：民主与建设出版社，2023.1
ISBN 978-7-5139-4027-6

Ⅰ.①股… Ⅱ.①程… Ⅲ.①股权激励 – 研究 – 中国 ②合伙企业 – 企业制度 – 研究 – 中国 Ⅳ.① F279.232.923 ② F279.242

中国版本图书馆 CIP 数据核字（2022）第 216055 号

股权激励与合伙人制度落地机制
GUQUAN JILI YU HEHUOREN ZHIDU LUODI JIZHI

编　　著	程浩南
责任编辑	刘树民
封面设计	末末美书
出版发行	民主与建设出版社有限责任公司
电　　话	（010）59417747　59419778
社　　址	北京市海淀区西三环中路 10 号望海楼 E 座 7 层
邮　　编	100142
印　　刷	三河市天润建兴印务有限公司
版　　次	2023 年 1 月第 1 版
印　　次	2023 年 1 月第 1 次印刷
开　　本	880 毫米 ×1230 毫米　1/32
印　　张	7
字　　数	133 千字
书　　号	ISBN 978-7-5139-4027-6
定　　价	42.00 元

注：如有印、装质量问题，请与出版社联系。

前言

目前，股权激励和合伙人制度很流行，国内外很多大型企业会对核心管理人员、技术骨干、业务骨干等人才进行股权激励，比如微软、华为、阿里巴巴、京东等，这已经成为国内外企业吸引人才、提高绩效不可缺少的激励机制。同时，合伙人制度也受到众多企业的青睐，无论是大型企业还是中小企业都积极推行合伙人制度，吸收内部合伙人、招揽外部合伙人，提升企业的竞争力。

股权激励，是目前中国上市（非上市）公司进行管理的一个直接且有效的方式。本书依据不同企业、不同时期实施股权激励的具体需要，充分列举出股权激励实际操作过程中的关键要素与实施办法，有效解决公司管理者在设计和操作股权激励方案时面临的种种难题。

合伙人制度，是指由两个或两个以上合伙人成立合伙制公司，合伙人为公司所有者或股东，分享公司利润，且对其经营风险共同承担责任。合伙公司可以由所有合伙人共同经营，也可以由部分合伙人经营。

现实生活中，很多企业管理者想要推行股权激励或是采用合伙人制度，但是却不知道如何去做，如何做得更好。本书采用模块化设置，内容实用性强，着重突出可操作性，不仅为读者提供了实用的股权激励、合伙人制度的思路和管理模板，还为其如何实施股权激励、建立合伙人制度提供重要的参考资料。

另声明，本文引用各公司股权数据只做分析说明之用，不妥之处请指正。

目录

第一章　股权激励：决定企业走多远

什么是股权激励 > 002

股权激励的原理与原则 > 006

考虑几个关键因素，成功率急速上升 > 010

不同的激励种类，不一样的利与弊 > 016

股权激励不当，也有风险 > 022

实施股权激励，并非只为了上市 > 027

第二章　股权设计：把企业的控制权抓在手里

股权架构：最差的是均等 > 032

分配不合理，创始人失去控制权 > 036

合伙创业，团队中必须有老大 > 041

AB股计划，保障股权与投票权相分离 > 046

股权成熟机制：保护创始股东的权益 > 049

预留股权：保住原有人才，吸收新人才 > 052

第三章　实操方案：股权激励实操的八大要略

定对象：对哪些人进行股权激励　> 057

定条件：想被股权激励是有条件的　> 061

定时间：在什么时候进行股权激励　> 065

定数量：拿多少比例才合适　> 070

定价格：是否要用钱来购买股份　> 075

定来源：股票哪里来，资金哪里来　> 079

定管理：有效保障股权激励的实施　> 082

定机制：退出机制是股权设计的"紧箍咒"　> 087

第四章　股权激励：不只是企业"可望的梅子"

实施股权激励的流程很重要　> 092

股权激励与绩效管理不可重复　> 095

股散人散 VS 股散人聚　> 098

企业成长阶段不同，股权激励计划自然不同　> 102

干股激励——干股不是想要就有的　> 106

第五章 合伙人制：企业未来的发展趋势

合伙创业：相关重大事件需提前约定 > 111

企业为什么需要合伙人制 > 116

管理去中心化，构建更多元的合伙关系 > 120

把企业做成平台，每个员工都成为创业者 > 123

想要企业迅猛发展，找对运营合伙人 > 127

股权顶层布局：合伙人股权需要合理安排 > 131

合伙人制和股权激励差别很大 > 134

第六章 合伙形式：了解合伙形式方能搏共赢

事业合伙：以共同的事业为牵引 > 140

众筹 + 合伙：最强的合伙模式 > 145

股份合伙：股权的份额很关键 > 149

个人合伙制：打造完美的创新合伙计划 > 151

外部合伙：企业上下游的合伙模式 > 154

业务合伙：团队 + 业务的组合 > 157

第七章 合伙原则：唯有规则支撑，企业才能持续

出资和出力，都有具体的股权分配标准 > 163

利益共享，风险共担：合伙人制度的核心 > 167

冲突不可避免，权衡利弊好解决 > 171

有限合伙企业的科学运用和注意事项 > 174

分红原则：分利并非一成不变 > 179

优势互补，才能有效合作 > 184

哪些人不应该成为合伙人 > 187

第八章 合伙风险：利用合伙人制优势，做万全的风险控制

没有股权激励，合伙人制注定走不远 > 193

风险预估不足，可能是合伙协议出了问题 > 196

合伙人不可忽视的股权代持风险 > 199

强强合并，会产生创始人出局的风险 > 204

股权稀释：如何巧妙应对股权众筹融资的风险 > 208

学习税收政策，应对涉税风险 > 212

第一章

股权激励：
决定企业走多远

▶ 什么是股权激励

什么是股权激励？

简单来说，股权激励是上市公司（非上市公司）将公司股权或股权的收益权，以某种方式授予企业的中高层管理人员、技术骨干、业务骨干等，使他们参与决策、分享收益、承担风险的一种长期激励行为。

作为一种长期激励机制，股权激励从本质上属于期权激励的范畴，目的是激励员工使其与企业形成利益共同体，从而形成权利与义务相互匹配的所有权、收益权、控制权及管理权的关系。

目前，股权激励已经成为绝大部分企业普遍推行和认可的激励机制。这些企业，会对核心管理人员、技术骨干等关系企业利润实现及实施未来发展战略的人才实行股权激励。比如，微软、沃尔玛、苹果、戴尔、阿里巴巴、华为、联想等国内外一些大型企业通过积极推行股权激励计划，相应地得到了快速发展，业绩和格局都迈上了新的台阶。

想要了解股权激励机制，我们需要先了解股权的权能。股权主要分为以下四种：

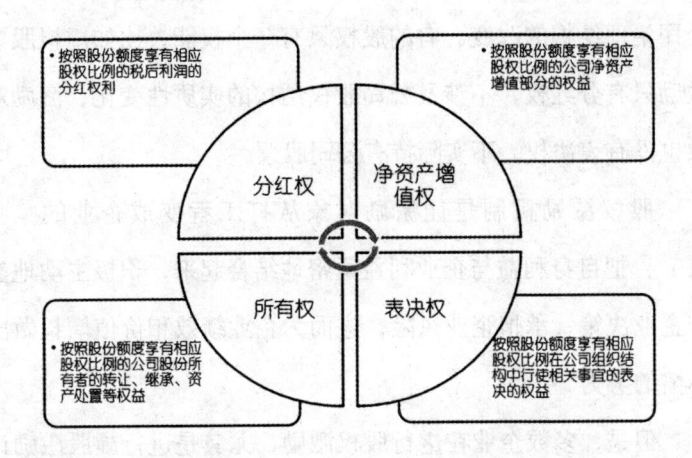

- 按照股份额度享有相应股权比例的税后利润的分红权利
- 按照股份额度享有相应股权比例的公司净资产增值部分的权益
- 按照股份额度享有相应股权比例的公司股份所有者的转让、继承、资产处置等权益
- 按照股份额度享有相应股权比例在公司组织结构中行使相关事宜的表决权益

分红权　净资产增值权　所有权　表决权

1. 分红权

即按照股份额度，享有相应股权比例的税后利润的分红权利。

2. 净资产增值权

即按照股份额度，享有相应股权比例的公司净资产增值部分的权益。

3. 表决权

即按照股份额度，享有相应股权比例在公司组织结构中行使相关事宜的表决权益。

4. 所有权

即按照股份额度，享有相应股权比例的公司股份所有者的转让、继承、资产处置等权益。

需要注意的是，一些股权具有以上全部权能，比如实际股份激励模式。它不仅涉及公司股权结构的变化,还会直接导致公司治理结构的改变。有的股权只有一个权能,比如虚拟股票激励只有分红权,不涉及公司股权结构的实质性变化,激励对象也没有表决权,不实际持有公司股票。

股权激励机制是让激励对象从打工者变成企业的"主人",把自身利益与企业利益紧密地结合起来,积极主动地参与企业决策、承担企业风险,进而为企业绩效和价值增长做出不懈的努力。

但是,多数企业在进行股权激励,尤其是进行虚股激励计划时,并没有真正得到激励对象的认同。因为这些企业的财务信息并不透明,激励对象不知道企业的利润是多少,不了解分红的具体情况。这样一来,对于激励对象来说,所谓的分红权还不如货真价实的奖金更具有吸引力。

更有甚者,一些企业实行股权激励计划并非为了员工的利益,只是为了积累未分配利润进行扩大再生产,就采用了阶段性不分红、虚拟增值权的方式。这样一来,激励对象所承担的风险就增加了,一旦企业出现经营亏损或是投资不利,所谓的分红就成为一场泡影。因此,员工对于这样的股权激励并不感兴趣,也不愿意积极参与。

所以,想要股权激励获得成功,企业就需要公开财务状况,加大股权激励的约束机制,在激发员工积极性的同时,确保员工的长期价值在股权激励中得到充分体现,让员工应获利益得到充分保障。

股权激励，不应该成为企业"画大饼"的手段，更不应该成为员工眼里的"忽悠"。这就需要企业定好目标，具体来说，企业需要做到以下几点：

第一，想办法提高企业业绩，促使员工对企业尽职尽责，自觉提高工作能力和工作效率，减少短视行为。

第二，降低成本压力，包括现金流和人才方面的压力。也就是说，要通过持股经营和股份奖励的方式来降低员工的现金报酬，但是降低的比例不宜过高，最好在15%～25%之间。

第三，回报老员工。对企业发展有重大贡献的老员工，企业要给予真正的奖励和回报。

第四，吸引并留住人才。通过有效手段，要让核心人才、优秀人才把企业当作自己的家，把企业的事业当作自己的事业。

企业只有真正明确股权激励的目的和意义，而不是为了追赶潮流，不是盲目地模仿成功企业的经验，才能真正做好股权激励，促使自身更高效、健康地发展。

▶ 股权激励的原理与原则

股权激励的原理，是通过股权激励传导和影响公司价值与个人价值的提升。

从本质上来说，股东和经理人是委托代理的关系，两者所拥有的信息是不对称的，目标也并不完全一致。股东的目标是持有股权价值的最大化，经理人的目标则是自身效用的最大化。

通过股权激励，则可以让二者的目标一致，即让经理人关心股东利益，股东关心经理人利益，双方达到一致的利益追求。也就是说，经理人持有一定的股权，享受股权的增值收益，同时也承担一定的风险，即把短期行为变成长期行为，且对其长期行为有一定的约束和激励。

我们可以从宏观和微观两个维度来了解股权激励的原理。

1. 宏观角度

股权激励，被纳入连接企业治理结构、产品价值、资本价值和个人价值的内核，对以上价值产生影响，进而形成一个互相影响的闭合式循环。

第一，与激励对象签订有效的契约，改变企业的治理结构。这不仅可以减少企业支付的代理成本，还使得激励对象获得了股权收益。

在企业生产经营过程中，激励对象充分发挥个人价值，调动身边各方面的资源，促使企业产品价值不断提升。企业产品价值提升之后，企业的业绩也会有所提升，个人收益自然会得到提升。当个人获得股权收益、提升自我价值之后，自然会影响个人在市场上的流动性溢价，进而获得更大的市场收益。

第二，企业治理结构完善，经营管理绩效就会增加，进而引起企业的股票价格上升。企业的绩效增加了，股价上升了，企业价值和员工个人价值也随之提升，进一步促进治理结构的完善与调整。

这就是说，通过股权激励，能把股权市场、产品市场、资本市场和人力资本市场有效地连接起来，实现个人价值和企业价值的统一，进而形成一个相互影响、相互制约的闭环关系。

2. 微观角度

一般来说，股权激励的传导是通过激励对象的行为来体现的。

以委托代理为例，股权激励就是代理人变为委托人的过程，而这个过程分为两个阶段，即行权前和行权后。

行权之前，激励对象有很强的预期，希望行权后能获得更多的收益，希望个人价值有较大的提升。这样一来，激励对象就会提高其工作积极性和热情，通过不懈努力提高绩效目标。而当行权条件达到后，激励对象通过行权变为委托人，这时，他们更需要努力提高绩效目标，否则自身利益就会遭受损失。

激励对象还会行使股东的控制权、投票权，这会影响企业治理结构的改变。

那么，股权激励的原则有哪些呢？

股权激励的原则

1. 依法合规原则
2. 自愿参加原则
3. 风险共担原则
4. 激励与约束对等原则
5. 力度和预期适中原则
6. 不妨碍公司融资和上市原则

1. 依法合规原则

证监会颁布的《上市公司股权激励管理办法》，对于上市公司股权激励的模式、授予权益的价格、授予的程序及其他方面都有明确规定，企业在制订方案、实施方案时必须遵守相关规定，不可突破依法合规原则。

非上市公司也需要遵守公司法以及国家关于股权激励、股份支付等财税方面的法律、法规。否则,股权激励计划不仅无法成功实施,企业还会受到有关部门的处罚。

2. 自愿参加原则

员工参加或不参加股权激励都有自己的考量,企业不能强迫或变相强迫员工参与。即便员工不愿参加股权激励,企业也不能在升职、薪酬方面对其区别对待,更不能将其辞退。

3. 风险共担原则

利益共享的同时,企业在设计股权激励方案时,也需要尽量做到风险共担。员工不出资,就不需要承担风险;员工出资,就需要承担风险。如果股票下跌或是绩效目标未完成,出资的员工可能会遭受利益损失,企业也将面临巨大的利益损失。

这时候,企业需要与员工共同承担风险,不能把风险部分或全部转嫁到员工身上;而员工也需要积极承担,不能让企业遭受太大的打击。

4. 激励与约束对等原则

权利与义务是相辅相成的。进行股权激励时,给予激励对象的股份额度越大,员工的动力就越大,需要承担的义务也就越大,受到的约束也就越多。如果激励对象只享受权利而不需要履行义务,受到的约束也比较小,那么就会产生不良的短期行为。

所以,企业给予激励对象应得利益的同时,也应该制定相应的约束条件，使得权利与义务、激励与约束对等。

5. 力度和预期适中原则

不同的股权激励模式，其优点和缺点是不同的。企业需要根据自身的实际情况来选择适合自己的模式，确保激励方案的可行性和效果。

换句话说，选择股权激励时，企业需要考虑激励的力度和行权期限的长短，不可把目标定得太高、期限设置得太长，否则就会影响激励对象的积极性。当然，目标也不能定得太低、期限设置得太短，否则会影响企业的长远发展，使得激励对象只关注短期利益。

6. 不妨碍公司融资和上市原则

企业是在不断发展的，其治理结构、经营战略和业绩状况也在不断变化。所以，不同时期的企业，其股权激励模式有所不同。如果不能做到及时调整、与时俱进，就可能妨碍公司融资和上市，进而影响企业的长期发展战略。

▶ 考虑几个关键因素，成功率急速上升

如何设计股权激励方案，激励对象有哪些，激励方式是什

么……这些都是股权激励计划是否成功的关键。但是，企业给了员工股权激励实施方案，员工就一定会接受并感恩戴德吗？事实并非如此。

企业给出员工股权激励方案，员工的积极性和自发性就能被调动起来，企业的业绩就一定能提高或改善经营不善的局面吗？事实也不一定如此。

想要提高股权激励的成功率，还需要考虑以下几个关键性因素。这些因素，很多时候比股权激励本身更重要。如果企业管理者忽视了这些因素，股权激励计划的落地就会出现这样那样的问题。

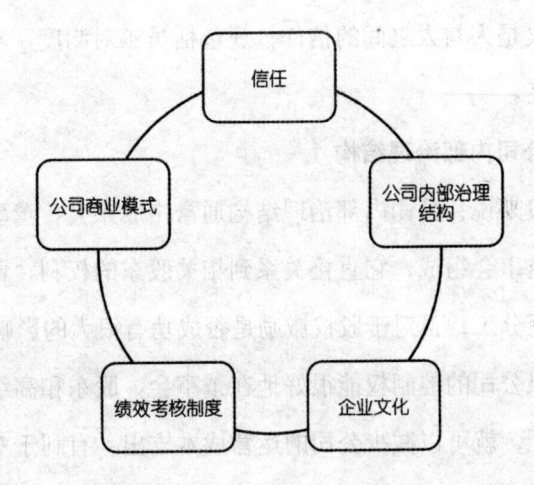

```
          信任
    ╱           ╲
公司商业模式    公司内部治理结构
    ╲           ╱
  绩效考核制度  企业文化
```

1. 信任

在任何团队中，信任都是最重要的，企业必须建立起团队成员间的信任感——创始人与合伙人、合伙人之间、老板与管理者、管理者与员工，等等。

当团队成员之间缺乏信任、缺乏团队合作意识，不能利益共享、风险共担时，无论采取什么样的激励模式、激励力度有多大，恐怕都没有多大意义。

相反，当团队成员之间有了足够的信任，从老板到核心高层，从合伙人到技术骨干，从管理者到员工都彼此信任、精诚合作，就算有冲突也能协商解决，甚至不会有嫌隙、矛盾和争斗；团队内部也能做到"责、权、利、能"的统一，管理者在岗位职责内大胆授权，促使成员各司其职。这样一来，无论采取什么样的激励模式都可以发挥其最佳效果。

股权激励之所以能成功，关键在于企业内部建立信任机制，不仅是人与人之间的信任，还包括员工对制度、对企业的充分信任。

2. 公司内部治理结构

一般来说，公司内部治理结构通常由股东会、董事会、经理层和监事会组成，它直接关系到相关股东的权利、责任、利益及相互分工，且对于股权激励是否成功有很大的影响。

如果公司的控制权能很好地在董事会、股东和高级管理者之间分配，就可以减少公司的运营成本支出，有利于对企业进行有效的管理，对绩效进行更好的监督和控制。

企业内部利益相关者的关系协调，不仅可以避免管理者的决策失误，还可以避免股权纷争、股权分散等问题，进而更有效地对员工进行激励。

比如，在深、沪两地上市发行的股票中包括 A 股和 B 股，也存在众多与公司有着直接利益关系或间接利益关系的主体，而持有不同种类股票的股东对于公司治理结构的影响是不同的，各自的投资利益也是不同的。对此，公司要依据不同的情况进行股权激励，其成功率会大大提升，也能调动不同股东的积极性。

再如，如果股东大会成为"家庭会议"，或是家庭成员（即家庭成员是股东）之间的扯皮或争斗，其治理结构就是不合理的，股权激励的有效性和成功率会大大降低。

当然，如果家族企业能建立良好的公司内部治理结构，也可以有效地促进股权激励的成功及企业的发展壮大。

以正泰集团为例。正泰创始人南存辉通过创业挣到了他人生的第一桶金后，因为经营思路和价值观与合伙人不同，分道扬镳。这之后，他认识到家族成员团结一致的重要性，决定把家族力量整合起来，于是组建了家族企业——成员包括妻兄黄李益、弟弟南存飞、外甥朱信敏、妹夫吴炳池和林黎明等。在新公司中，南存辉拥有 60% 股权，其余家族成员则共同拥有 40% 股权。

家族企业模式，对于正泰的发展起到了至关重要的作用——决策层和管理层都是家族成员，他们成为企业发展的中坚力量，促使集团快速发展为行业中的佼佼者。

在之后正泰发展的过程中，南存辉多次吸收社会资本、整合并购，也使得集团内部治理结构发生了转变，从家族企业模式演变为集团公司模式。但是，这引发了家族成员股东和新股东之间的矛盾。此时，南存辉面临一个问题：如何留住元老股东，同时又能更多更好地吸引新的股东和人才。

经过多方面考虑和与家族成员沟通，南存辉决定弱化其家族的股权绝对数。

于是，南存辉提出了"股权配送，要素入股"的股权激励方案，对集团公司核心层进行股份制改造，把家族的核心利益让出来，并在集团内推行股权配送制度——把最优良的资本配送给最优秀的人才，这主要包括管理岗位、技术研发岗位和销售岗位的核心人员。

通过这个措施，正泰集团的股东增加到120名，这里面家族外的股东就占近80%。而在这些股东中，80%是带着有形资产加入的，另外20%则是企业骨干，或是对公司做出巨大贡献的。

之后，南存辉又进行了改革，推出严格的绩效考核和岗位聘任制度——无论是大股东还是小股东，无论是家族成员还是创业元老，考核不合格就要从现有岗位退下来。退下来的人不再是管理者，只享受分红，真正实现了所有权和经营权的分离；为了解决激励与约束不平衡的问题，对于非持股的管理人员进行股权激励，推出岗位激励股；选择上市，不仅为了融资，更为了完善企业的治理结构，提升企业的核心竞争力，进而把企业做大做强。

可以说，南存辉对于正泰的改革，不仅是股份股权的改革，还是公司治理、管控模式、控制权安排等诸多方面的完善。正因为如此，这个家族企业才获得了超速发展。

3. 企业文化

企业文化能影响企业的经营策略、社会责任及员工的工作效率等，也影响着股权激励的效果。因为企业文化属于企业内部组织的客观环境，股权激励必须在企业特定的文化氛围下进行。

企业文化的氛围越浓厚，员工的主人翁意识就会越强，越容易与企业形成利益共同体。在浓厚的企业文化影响下，激励对象不仅包括高级管理层、核心技术骨干，还包括与企业形成利益共同体的普通员工。这时候，企业进行股权激励，很容易满足员工的需求，进而达到预期的效果。

4. 绩效考核制度

股权激励与绩效管理是相辅相成的，绩效考核制度是股权激励的基础。企业只有进行科学、合理的绩效考核，才能更好地进行股权激励，使其发挥最大的效用。

换句话说，想要实现股权激励的目标，企业必须引入绩效考核制度，确保股权激励的公平性和激励性。进行股权激励时，还需要给激励对象规定明确的工作任务和业绩指标，根据其结果来判定激励效果。如果激励对象不能完成工作任务或业绩指标，这个激励就是失败的，需要根据股权激励方案的退出机制让其退出。如果激励对象完成了工作任务和业绩指标，刺激了企业业绩提升和发展，就需要把激励承诺真正落到实处，让其发挥最大效用。

5. 公司商业模式

公司的股权激励模式必须以商业模式为导向，实现企业价值、商业模式、股权激励的有机结合。

商业模式是指企业的经营手段，就是其赚钱的方式。在企业资本化的过程中，商业模式决定了企业的发展方向，把股权激励和商业模式相结合，就可以让激励对象不再只关心短期利益，而是关注企业的长期发展，进而把短期股权激励转变为长期的、高效的激励模式。

▶ 不同的激励种类，不一样的利与弊

实施股权激励，可以让员工创造更多的利润，保障企业基业长青。股权激励可以分为不同的种类，而实施激励的类型不同，其利与弊也是不同的。

上市公司和非上市公司，其股权激励是有区别的。对于上

市公司来说，可以选择股票期权、虚拟股票、股票增值权、业绩股票、员工持股计划、延期支付、管理层收购、限制性股票等激励模式。对于非上市公司来说，可以选择股权期权、限制性股权、业绩股权、股权增值权等激励模式。

可见，相对于上市公司，非上市公司可选择的股权激励种类是有限的。

目前，市场上通行的股权激励模式有以下几种：

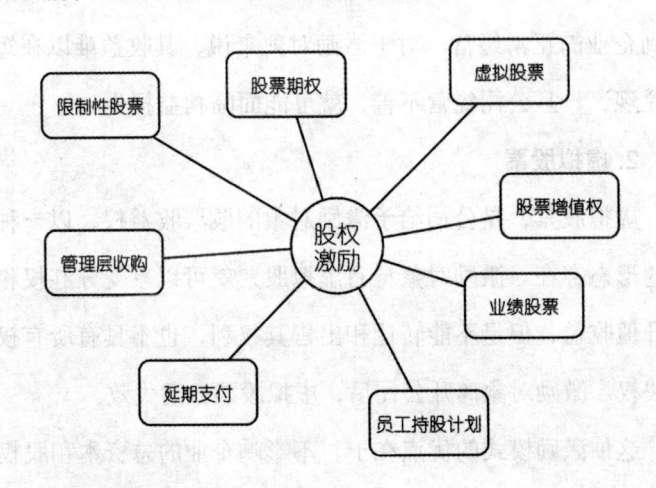

股权激励
- 限制性股票
- 股票期权
- 虚拟股票
- 股票增值权
- 业绩股票
- 员工持股计划
- 延期支付
- 管理层收购

1. 股票期权

股票期权是一种选择权，是指在未来条件成熟时，股权激励对象拥有购买本公司一定数量股票的权利。当然，并不是所有人都有这个权利，一般情况下，只有企业高管和核心技术骨干才能预先获得。同样，只有行权条件成熟，激励对象才有权购买本公司股票，把股票变成实实在在的股权。

股权激励对象有选择购买股票的自由，也有选择不购买的自由。当他选择放弃时,就意味着股票期权作废了。

这种激励模式有不少优点,尤其是对于非上市中小企业来说,有利于缓解薪酬(现金流)压力,同时能留住业绩高、能力强的核心人才,具有长期的激励效果。

这种模式的缺点也有不少。当激励对象成为拥有自主投票权的正式股东,如果不想继续在公司做下去,或是因为某种原因反对公司控制人才,就会造成企业内部矛盾不断,甚至能威胁到企业的正常经营。对于激励对象来说,其收益难以在短期内兑现,一旦公司经营不善,就可能面临利益损失。

2. 虚拟股票

虚拟股票,是公司给予激励对象的股票收益权,以一种虚拟的形态存在。激励对象持有虚拟股票就可以享受分红权和股价升值收益,但是不能转让和出售其权利,也不具有所有权、表决权。激励对象离开公司后,虚拟股票自动失效。

这种激励模式的优点在于,不影响企业的总资本和股权架构,不影响上市公司的股价波动;其缺点在于现金支出较大,会给企业带来现金流方面的压力。

3. 股票增值权

股票增值权,是公司授予激励对象在特定期限内,通过行权获得相应数量股权升值收益的权利。激励对象不用付出现金,行权后就可以获得相应的现金或等值的公司股票。比如,公司股价上升,激励对象就可以兑现权利,获得相应的收益;

当公司股价下跌时,激励对象也需要承担相应的风险和损失。

这种激励方式的优点在于,激励对象没有股票的所有权,也没有表决权和配股权,可以约束其短期行为。

对于激励对象来说,其优点在于无须付出现金;缺点则是加大了企业的现金压力,且因股价的波动与激励对象的业绩关系不大,很多时候对激励对象没有太大的激励效果。

4. 业绩股票

业绩股票,是公司用普通股作为长期激励性报酬支付给激励对象,即激励对象完成业绩指标后,公司就授予其一定量的股票或是提取一定的奖励来购买公司股份。

其优点在于,能刺激高级管理层提升绩效,完成企业预期的业绩目标,给企业带来更多的经济效益。但是这种模式的约束性比较大,一旦激励对象完不成绩效,或是有损公司利益、非正常调离等行为,就会受到处罚或是取消激励。

对于激励对象来说,其工作绩效和所获激励成果关系密切。激励力度是直接由绩效决定的,不涉及其他因素——就是说,激励对象的业绩越高,所获得的利益也就越高。

其缺点在于,激励成本比较高,给企业带来现金流上的压力,同时很难保证业绩目标的科学性,容易使激励对象为了获取业绩而弄虚作假。

5. 员工持股计划

员工持股计划是一种新型股权模式,即企业内部员工个人出资购买本公司部分或全部股份，委托公司或金融机构来集中管理。其优点在于，可以让员工更关注企业发展，调动员工的自觉性和积极性，增强企业的凝聚力和竞争力，同时让员工承担一定的投资风险，抵御敌意收购；其缺点是公司所有权向员工转移，存在着股权纠纷的隐患。

对于激励对象来说，需要支出现金、承担风险，并且不能转让、交易、继承所持股权。

6. 延期支付

延期支付是公司为激励对象设计的一系列收入计划，包括年度奖金、股权激励收入等不在当年发放，而是按照当日公司股票市场价格折算成股票数量，存入公司为其单独设立的延期支付账户的模式。等到了期限后，公司以股票形式或是现金形式发放给激励对象。

其优点在于，可以长期激励员工，且增加了退出成本，避免激励对象出现短期化行为；缺点在于，激励对象持股数量少，很难产生较大的激励效果。

对于激励对象来说，如果不能及时把薪酬变现，可能会因为股票价格的波动而造成收益损失。

7. 管理层收购

管理层收购又叫作"经营层融资收购"，即公司管理层利用借贷所获得的资本购买本公司的股权，使得公司私有化程度增大了一些，进而控制或重组公司。这种模式，会改变企业的所有者结构和控制权。

其优点在于，可以提升企业的执行力，强化对管理层的激励，对企业内部和管理层进行监督和约束，促使企业持续健康地发展；缺点是收购资金庞大而造成融资困难，如果处理不当，可能大大提升收购成本，加大企业的资金压力。

8. 限制性股票

限制性股票是公司预先设定业绩目标，一旦达到业绩目标，就会把一定数量的本公司股票无偿赠予或低价出售给激励对象。激励对象不能随意出售股票，只有在规定的服务期限后或完成特定业绩目标后才能出售股票，否则公司有权收回。

当然，不同的激励对象，其禁售期是不同的。一般来说，公司董事、高级管理者的期限要比普通激励对象的期限长。

其优点是，股票限制期内公司不需要支付现金，促使激励对象把精力放在完成企业长期战略目标上，促进企业长期稳定发展；缺点是激励对象实际拥有股票，享有股票的所有权，公司很难约束激励对象的行为。

可以说，不同的激励种类，其利与弊是不同的，这适用于不同类型的企业。比如，股票期权的激励模式，适用于上市公司和上市公司的控股企业；虚拟股票的激励模式，适用于现金流较充足的上市公司和非上市公司。因此，企业需要根据实际情况选择适合自己的激励模式，一步步实现长期健康发展与价值增长的目标。

▶ 股权激励不当，也有风险

对于一家企业来说，股权激励有很多优势和好处，但激励不当，比如存在认识误区、选错工具、方案不成熟，就可能达不到预期效果，甚至起到反效果。

某技术股份有限公司计划实施股权激励，把14名对公司发展有核心贡献的员工提名为激励对象。这个议案经过公司董事会通过后，向全体员工征求意见并进行了公示。股东大会通过决议，向公司的4名董事、1名高级管理人员、1名监事和14名核心员工发行股份普通股，并提前确定了核心员工拟认购股份的数量和股价。

过了一段时间，股份认购对象需要缴纳的钱没有到位，股份认购计划不得不推迟了好几次。4个月后，股份认购的事情还是没有任何进展，导致多名核心员工选择了离职。又过去了几个月，公司不得不与投资人签订《股份认购协议之终止协议》，将投资款全额退还给投资人。就这样，该公司的股权激励计划失败了。

该公司实施股权激励本是好事，为什么公司不仅没筹集到资金，反而让多名核心人员辞职了呢？

仔细分析，是因为该公司选错了激励工具。该公司实施股权激励选择的激励工具是持股计划，即激励对象要认购一定数量的股份。然而，这个激励工具并不适合该公司当下的发展现状，激励对象并没有太大的信心把自己和公司捆绑在一起，为了自身利益只好选择离职。

事实上，股权激励的风险有很多，企业管理者不能只"贪图"享受它带来的利益，而忽视它带来的一些风险。接下来，我们了解一下因激励不当而引起的风险。

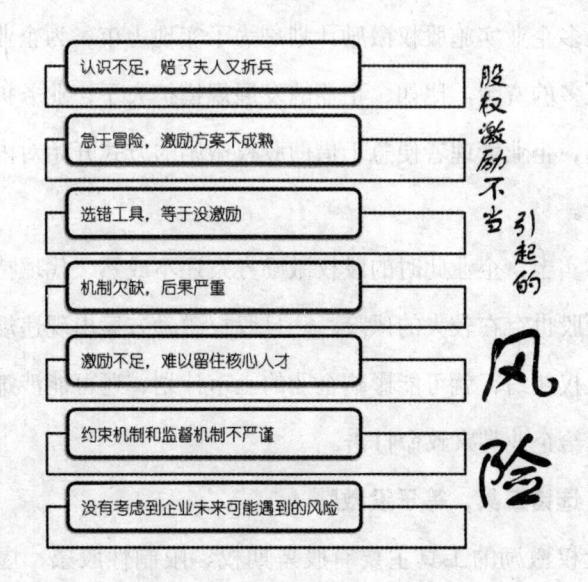

股权激励不当引起的风险：
- 认识不足，赔了夫人又折兵
- 急于冒险，激励方案不成熟
- 选错工具，等于没激励
- 机制欠缺，后果严重
- 激励不足，难以留住核心人才
- 约束机制和监督机制不严谨
- 没有考虑到企业未来可能遇到的风险

1. 认识不足，赔了夫人又折兵

目前，国内外很多大型企业都在推行股权激励计划，拿出大部分股权来激励高层管理者和核心人才，甚至是全体员工，且都取得了不错的效果。

听说股权激励能让激励对象把自己当成企业的主人,充分发挥工作热情,可以给企业带来更大的经济效益,于是很多中小企业也开始效仿实施。但是在行动之前,这些企业管理者并没有真正了解股权激励的深层意义,也没有制订出科学、合理的方案,只是错把它当成绩效考核方式和员工福利。结果,股权激励计划不仅没有达到预期效果,还使得经营成本迅速增加,给企业的发展带来隐患。

2. 急于冒险,激励方案不成熟

很多企业实施股权激励计划是为了实现上市,为企业发展筹集更多的资金。比如,企业的发展规模扩大了,业务扩张比较迅速,企业管理者便急于借助股权激励的方式开始对内外筹集资金。

事实上,企业此时的股权激励方案还不成熟,代理持股和虚拟持股也存在较大的风险。一旦股权激励方案出现违规行为造成股权纠纷,就可能影响企业的上市计划,还可能涉嫌非法集资,给企业带来致命打击。

3. 选错工具,等于没激励

股权激励的工具主要有股票期权、限制性股票、虚拟股票、股票增值权等,大部分公司会选择股票期权和限制性股票。前者的权利与义务是不对称的,期权持有人只有行权获益的权利,没有行权的义务,且它不具有惩罚性——当股票下跌或期权计划没有实现时,激励对象只是放弃了权利,不会造成真实的资金损失。

后者的权利与义务是对称的,激励对象在满足授予条件后获得股权,股价下跌会直接影响其利益。同时,奖励和惩罚也是对称的。激励对象用自有资金或是公司激励基金购买股票,股票下跌会影响其收益,直接造成经济损失;还可通过设置解锁条件,对激励对象直接进行经济制裁。所以,企业管理者没有深入研究而选错了激励工具,就可能造成经济损失。

另外,股权激励最好有想象空间,否则会适得其反。比如公司在创业阶段,核心员工本来工作积极、业绩突出,但获得股份后觉得股权没有达到自己的预期,且比企业竞争对手给予的少,那么就会适得其反——促使激励对象辞职。

4. 机制欠缺,后果严重

想要增强激励效果,企业需要制定一套科学、严谨、合法的股权激励机制和制度,确保其责、权、利的统一。如果激励机制有欠缺,没有制定科学合理的考核制度或是退出机制,就会给企业带来较大的风险。

比如,尽管企业规定"股随岗变",但是没有明确规定转让价格条款和转让方式,就可能导致股权纷争,最终只能以高价回收或是造成股权流失。

5. 激励不足,难以留住核心人才

一些力度比较小的激励计划,对于普通员工或是能力不突

出的员工来说，或许还有惊喜和吸引力。但是，对于能力突出、潜力大的核心人才来说，其吸引力就没有那么大了。如果股权激励没有达到他们的心理预期，不但会影响激励目的的实现，还可能造成人才流失。

6. 约束机制和监督机制不严谨

很多企业实施股权激励之后，没有制定相应的约束机制。比如，对其绩效和贡献度不进行考核，如此就可能催生一些懒惰者和推诿者。

这些企业对于高管缺乏监督机制，导致其行权标准设计不合理、激励标准与公司业绩挂钩不紧密，这很容易导致高管弄虚作假，造成公司业绩持续上涨的假象。这样一来，企业的股权激励就失去了效用，且严重影响了企业的健康持续发展。

7. 没有考虑到企业未来可能遇到的风险

企业管理者缺乏风险意识，对于企业未来可能遇到的风险考虑不足，就可能促使其股权激励设计不合理，进而在行权时股票价格跌破行权价，激励对象行权难。

对于激励对象来说，股权激励变得没有价值，甚至成为"画大饼"，还如何提高其积极性呢？

所以，企业管理者必须具有风险意识，确保行权的业绩指标定得不宜太低，如此才能调动激励对象的积极性，提高股权激励的成功概率。

可以说，股权激励是一项综合性工作。在实施股权激励的过程中，企业管理者需要考虑多方面的因素，避免出现激励不当的情况。

▶ 实施股权激励，并非只为了上市

股权激励的目的之一，是公司上市。因为公司要上市，就需要成为股份公司，企业才积极面向公众筹集资金。

企业对接资本市场之后，股权升值带来的财富非常惊人。资本市场的估值，会把公司未来十几年甚至几十年的利润折现。同时，随着公司资产的流动性增加，股东、高管、投资人的股权财富也放大了，这使得股权激励具有非常大的发挥空间，长期价值不断增加。

需要注意的是，有些企业实施股权激励计划并非只为了上市，如果能科学合理地制订股权激励计划，提高员工的积极性、创造性，确保员工个人利益和企业利益的统一，就算不上市也能让企业获得更好的发展。

1987年，任正非与几位合伙人共同投资成立了华为技术有限公司，即华为的前身，他们采取的就是均分股份的形式。很快，任正非开始实施股改，对员工进行股权激励，即华为员工可以每股1元的价格购入公司股票成为公司的主人。在几乎全员持股的情况下,员工的积极性很快被调动起来,华为也获得了快速发展。

之后,任正非依旧采取这种内部融资的方式,增加注册资本,其增量全部来自员工的股份。后来,公司几度遇到了融资难题,但是任正非并没有选择上市,他认为上市可能引发企业员工的惰性心理,使得股权激励失去最好的效能。

随后,华为进行股权结构改制。改制前,母公司员工共持有65.15%的股份,子公司华为新技术公司员工共持有34.85%的股份。改制后,华为公司工会持有61.86%的股份;华为新技术公司持有5.05%的股份,其工会持有33.09%的股份。同时,股东会议决定,员工所持股份分别由两家公司工会集中托管,代行股东表决权。

改制两年多后,华为公司工会收购了华为新技术公司的部分股份。至此,华为公司工会持有88.15%的股份,华为新技术公司工会持有11.85%的股份。一年后,华为新技术公司工会持有的11.85%的股权并入华为公司工会,任正非成为独立股东,单独持有1.1%的股份,其他股份全部由华为公司工会持有。

华为的这种股权结构一直持续到今天。在这一过程中,它虽然经历了股东变更、股权关系比例调整,但是其结构并没有发生变化。

可以看出，华为进行了股权激励计划，但其目的并不是上市。任正非也表示："不上市，华为的世界舞台更精彩。"

华为的员工总数达到将近20万人，持股的员工达到8万余人。公司不断调整股票分配方式，微调虚拟股制度，目的就是激励新老员工真正做敢拼搏、肯奋斗的"华为人"。这样的股权激励方式，要比上市公司的期权股权激励更有效果。

因此，我们需要明确，公司上市前是它实施股权激励的最佳时期。因为公司要上市，就必须在内部实施股改。股改给了股权激励一个比较好的切入点，可以让企业调整股权架构，使其权属更清晰、结构更稳定，还可以确保创始人或最大股东拥有控制权。

然而，并不是所有的企业在上市前都必须实施股权激励计划，企业在任何一个阶段都可以进行股权激励。当企业处于快速上升阶段，需要积极扩张业务时，对于核心人才的股权激励是非常重要的。这时候，也是实施股权激励的大好时机，它不仅可以留住人才，还可以避免企业出现管理风险。

另外，上市只是企业经营发展过程中的一个阶段，并不是企业的最终归属。如果企业只以上市为目标，等上市后它可能失去了新的目标，发展就会停滞不前。更何况上市之后，企业未来前景并非想象中的那样美好，如果管理、运营上出现问题，投资、决策发生失误，企业将面临更大的危机。

无论是有限公司还是股份公司，实施股权激励的目的都不应只是上市，股权激励的核心目标是建立企业的利益共同体，所有管理者、股东、员工都更注重企业的长远发展和整体利益。在这个基础上，所有人都在尽力提高自身的积极性、主动性和创造性，发挥自身最大的潜力，进而提高企业的经营业绩和核心竞争能力。

简单来说，共赢和业绩提升是股权激励的核心目标。如果偏离了这个目标，企业就算上市了恐怕也无法获得更好的发展——在资本市场的运作下，股权结构越不合理，股价波动越大，企业的经营风险就越大。

第二章

股权设计：把企业的控制权抓在手里

▶ 股权架构：最差的是均等

任正非说："华为能够走到今天，得益于分钱分得好。"这里所说的分钱，是指股权的设计与分配。

对于任何一家企业来说，合理的股权架构至关重要，股权结构不合理，企业一定做不好，更做不大。因为股权问题处理不好，股东们矛盾重重，不是有隔阂就是总吵架，导致产品再好、技术再新、运营再出色，企业发展恐怕也会功亏一篑。

因此，企业要做好股权设计，因为股权架构一旦确定就很难再调整了。就算需要调整，那付出的成本也是非常大的。

合理的股权架构

对于企业来说，好的股权架构应该具有以下几个特点：在创业阶段，一般合伙人不是特别多时，比较合理的架构是有三个合伙人。这时候，需要按照出资多少来分配股权——原因很简单，资金对于创业阶段的企业来说是最重要的因素。

股权分配也需要看合伙人的优势，即谁的优势大，谁对企业的贡献就大。合伙人手里无非掌握这几个资源：资金、技术、专利、创意、渠道。哪一个资源最重要，对企业的贡献最大，或者说谁掌握的资源多，谁就拥有比较大的股权。

最重要的是，在不均等分配的基础上，要有明显的股权架构的梯次。一般来说，明显的股权架构梯次是按照6∶3∶1或是7∶2∶1来分配的。如此一来，股东们的股比就形成了核心的控制权，就算有冲突也能解决问题，避免事态扩大。

在合伙人的股权分配上也应该有明显的梯次，一般是按照60∶20∶10∶6∶4或是60∶15∶12∶8∶5的形式，而不能采取60∶10∶10∶10∶10或是60.01∶13.33∶13.33∶13.33的形式。创始人或发起人股东必须控股51%以上，其他合伙人的股权分配保持明显的梯次，这样一来，拥有较大股权的股东就可以掌握控制权和话语权。

事实上，很多著名的公司采取这样的分配方式：Facebook的股权比例是这样的，扎克伯格是Facebook的创始人，且是个有魅力、意志坚定的领导者，所以占据65%的股权，具有企业的核心控制权；萨维林最懂运营，可以让产品迅速地赚钱，所以占据30%的股权；莫斯科维茨则在用户开发上有较大贡献，所以占据5%的股权。

不过，之后Facebook的股权进行了调整，因为萨维林没有将全部热情投入公司，他的股份不断被稀释，而莫斯科维茨和新加入的帕克的股份不断增加。经过一系列的融资后，扎克伯格持有24%的股份，风险投资公司Accel Partners持有10%的股份，投资公司数字天空技术持有10%的股份，莫斯科维茨持有6%的股份，萨维林持有5%的股份，帕克持有4%的股份，外部投资人皮特·泰尔持有3%的股份，还有其他股东、员工及二级市场投资人分别持有不同份额的股份。

虽然扎克伯格的股份被稀释，但他仍然是最大的股东，同时拥有30.6%的代理投票权，所以扎克伯格对Facebook有绝对的控制权，不必担心公司因股权结构不合理而导致控制权分散。

相反，最不合理的股权架构就是股权均等。即不论是出资者、专利掌握者还是渠道运营者，不论合伙人对企业的贡献有多少，分配的股权都是均等的。这在创业初期或许没有大的危险，但是随着企业的发展，其弊端就会凸显出来——每个人都想有话语权，一旦有冲突，企业的大量时间和精力都会消耗在股东的博弈之中，且分化、矛盾愈演愈烈。

蔡达标和潘宇海合伙开了一家"168蒸品店"，潘宇海占50%的股权，姐姐潘敏峰占25%的股权，姐夫蔡达标占25%的股权。后来，公司更名为"真功夫"，迅速发展成为当时中国最大的中式快餐连锁品牌。之后，潘敏峰因婚姻问题将自己的 25% 股权给了蔡达标管理，蔡达标和潘宇海的股权持平，这也为企业的失败埋下了伏笔。

多年以后，真功夫引入风险投资，谋求上市。蔡达标决定推行"去家族化"的内部管理模式，引入职业经理人。这就意味着潘宇海将被架空，引发了两人之间的矛盾，也引发了两人之间的股权之争。

经过长时间的博弈与争斗，蔡达标不仅失去了企业的控制权，而且因经济问题锒铛入狱。潘宇海虽然掌管了真功夫，却并未真正赢得胜利——真功夫元气大伤，上市化为泡影，企业发展几乎停滞，其品牌价值和发展势头遭受了严重打击。

可以说，真功夫的发展失败就是源于股权纷争，而股权纷争则源于其均等的股权结构，这是在股权设计时最应该避免的——就算合伙人的出资是相等的，也需要在后期进行调整，或是回购，或是协商，由一人占据比较大的股权，掌握企业的控制权和话语权。所以，创始人必须掌握公司 50% 以上的股权，这一点不容忽视。

需要注意的是，股权也不能过于集中，即形成一股独大的局面。否则，企业无法摆脱"一言堂"的局面，董事会、股东会就会形同虚设。一旦企业行为和个人股东的行为混同，企业经营决策的风险就会增加，企业的多元化、规模化经营也会受到种种限制。

另外，股权还不能太分散，即形成人人有股权、股权太平均的局面。

股权分散给多数股东，大量的小股东在股东会里相互制约，企业决议就容易出现不同的声音，很难及时形成统一的决策，这对企业的发展十分不利。

▶ 分配不合理，创始人失去控制权

控制权，是所有创始人都必须面对的问题。失去控制权，创始人就会被自己创立的公司扫地出门。

事实上，国内外这样的案例有很多：雷士照明的吴长江被投资人"踢走"，失去控制权被迫出局；餐饮巨头俏江南的张兰也是如此，急速扩张而引入资本稀释了自己的股份，最后上市失败而被迫走出董事会；还有乔布斯，他创造了苹果的神话，却不得不离开苹果……

创始人失去对公司的控制权，根源在于股权比例的不合理。在实施股改、股权激励过程中，创始人的股权被不断稀释，那他掌控的股份就会越来越少。同时，企业的治理架构、表决权设置也会产生一些不合理的因素。

要知道，创始人对公司的控制权取决于股权比例、治理架构、表决权设置以及对核心业务、核心资源、核心人员的掌握。创始人所占股权比例有绝对优势，具有对重大事项的一票否决权，且设置了合理的公司治理架构，就能"简单粗暴"地掌握公司的控制权。此时，公司进行股权激励，或是内部授予员工相应的股份，或是吸引投资人投资导致稀释了创始人的股权，创始人也能把控制权牢牢地把握在自己的手中。情况若是相反，结果也就相反了。

以雷士照明为例。吴长江和几个股东创办了惠州明辉电器公司，全面负责公司业务。四年后，为了企业能快速发展，吴长江用股权分配方式把他的同学胡永红和杜刚招揽过来，正式成立了雷士照明。

在吴长江看来，创始人没必要绝对控制公司，否则就是对企业的不负责。于是，对于股权分配，吴长江占有45%，胡永红和杜刚两人共占55%。而这个股权结构，也为吴长江失去公司的控制权埋下了定时炸弹。

几年之后，雷士照明发展迅猛，但是三个股东之间却产生了巨大分歧。吴长江认为应该乘胜追击，趁着大好机会加大投资，但是其他两人却持保守意见，认为没必要再去冒险，应该进行分红。三人争执不下，最后只好摊牌。

虽然是吴长江管理公司，但他只有45%的股权，没有绝对控制权，也无法进行决议。吴长江决定对股份进行改造，这一次，他把自己的股权降到33.4%，其余两人则各拥有33.3%。然而，这只换来短暂的和平，没过多久，三人又因为意见不合而不欢而散。于是，两个合伙人决定退出，每人带走8000万元，而吴长江也开始到处找钱，转让了大部分股份。

经过两次融资，吴长江的持股比例占到34.4%，成为第二大股东，第一大股东软银赛富持股36.05%，第三大股东高盛持股11.02%。失去了第一大股东的地位，又缺乏表决权，吴长江很快被迫出局。

事实上，吴长江两次失去了对公司的控制权：第一次是与合伙人的纷争，第二次是投资者夺权。一切问题的根源就是——股权分配的不合理。虽然他掌握了经营权且赢得了经销商的支持，但是因为股权比例、表决权不占优势，最后只能失去对公司的控制权。

那么，创始人如何保证自己能掌握控制权？具体来说，要做好以下方面的工作：

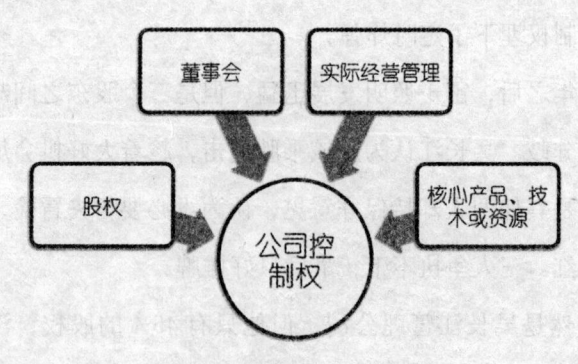

掌握公司控制权的关键

1. 股权方面的控制

创始人要持有公司至少51%的股权才能完全掌握表决权，因为大部分的股东会表决事项需要达到50%以上投票同意，其决议才能通过。另外，根据公司法有关规定，个别事项需要达到三分之二以上，其决议才能通过。

如果公司创始人没有掌握多数比例股权，则需要用投票权委托和一致行动人协议，把投票权集中到自己身上。比如，刘强东对京东的持股比例只有18.8%，但有好几家投资人将自己的投票权委托给他行使，这意味着他掌控了京东51.2%的投票权。

一致行动人，是指通过协议约定某些股东就特定事项投票表决采取一致行动。如果意见不一致，某些股东跟随一致行动人投票，这也加大了公司创始人的投票权权重。

除此之外，当公司对外筹资时，可以不按照股东股权比例进行表决投票，而是按照公司章程制定的方式进行。这样，就算创始人所持的股份比例较低，但其表决权比例高，他也不会失去控制权。

创始人还可以实施AB股计划，就是同股不同权。事实上，京东、百度、盛大游戏运用的就是这种AB股制度。比如，刘强东手里的1股相当于20倍的投票权，李彦宏手里的1股相当于10倍的投票权，而在盛大游戏创始人那里，也是1股等于10倍的投票权。

2. 董事会的控制权

董事会是企业的最高权力机构,如果创始人不能控制董事会,他就会容易被架空,没准还会被赶出自己创立的公司。

一般来说,公司的日常经营事项是由董事会负责的,股东很少通过股东会的控制权参与日常经营活动。创始人如果在董事会占有大部分席位,就可以保障其决策权。

3. 实际经营管理的控制权

控股权或者董事会控制权,代表了对公司的最终控制权,只有掌握了对经营管理的控制权,才算是实实在在地控制了公司。

所以,创始人想要对公司绝对控股,需要在董事会占多数席位,更需要是公司法定代表,并掌握公章、营业执照,如此才能有效介入公司的经营和管理,真正控制公司的一切走向。

4. 控制公司的核心产品、技术或资源

除此之外,创始人还需要控制公司的核心产品、技术或是核心资源。史玉柱之所以能东山再起,就是因为核心骨干始终支持他、跟随他。相反,CM 之父 Steve Kondik 作为 Cyanogen 公司主要创始人,因没有控制公司的核心产品、分销渠道,也不担任董事长,只任一个虚职,所以他只能越来越被边缘化,最后被迫出局。

▶ 合伙创业，团队中必须有老大

合伙创业，团队是最重要的。团队必须有共同的价值观、共同的目标，必须精诚合作、优势互补。同时，团队要想稳定、创业要想成功，团队中必须有一个老大。

这就好像《三国演义》中的刘关张桃园三结义，刘备是老大，是三人中最有话语权的，是各种大事的拍板者，很多时候决定他们团队朝着什么方向走、怎样走。

在团队中，老大的责任是最大的，尤其是在创业初期，最主要的责任就是决定企业的发展方向，为团队定规则，给公司找资金、招人才。只有老大起到领导作用，承担起责任，才能让公司更顺利地生存和发展下去。

团队领导者和团队的关系就好像1和0的关系：领导者是1，团队是0。没有前面的1，后面就算有再多的0，恐怕也是没有任何意义的。这也是出色的头狼带领一群狼能打败一只凶猛的狮子的原因——一个强有力的领导者，就是团队的灵魂。

可是很多合伙创业的团队常犯这样的错误：合伙人之间过于讲究"民主"，不分大小，没有主，没有辅。意见一致时还好，意见不一致时没有人可以拍板，也没有人能镇得住其他人；遇到突发事件或是比较大的困难时，没有人能承担责任，也没有人能真正起到带头作用。结果，团队的凝聚力不足，战斗力不强，一次次失去大好的机会。

尤其是在团队就分工、股权、期权和决策机制等问题未形成一致意见，并且未拟好章程、未签订协议时，合伙人就会因为股权和权利之争而闹出矛盾，最后只能走向分裂。

以泡面吧为例。俞昊然写出了泡面吧的原始代码，王冲、严霁玥先后加入进来，三人组成了公司的核心团队。其中，俞昊然负责技术，王冲负责融资，王冲和严霁玥负责运营。一年之后，三人成立众学致一网络科技（北京）有限责任公司，引入天使轮融资 100 万元。

两年后，泡面吧正式上线。然而，团队组建之初便存在着一个严重问题——股权之争，团队老大之争。俞昊然认为自己是团队中的老大，要持有最多的股权。但是，融资过程中，作为与投资人接触和谈判的关键人员王冲成了"老大"。在工商登记注册资料中，公司初始股权结构为：王冲占 65%，俞昊然占 25%，严霁玥占 10%。

为了融资成功，俞昊然同意了这个方案，但是提出"股权平均，优先稀释"的意见——在后续融资中首先稀释王冲的股份，等到其股份降至与俞昊然接近时，再稀释王冲和俞昊然的股份，最后实现"三人股份均等"的目的。但是，这只是王冲的说法。

俞昊然的说法截然不同,他表示两人在引进天使投资之前,曾口头约定王冲暂为第一大股东,等融资成功后两人的股份"对调"。两人各执一词,且没有相关文字证明。

同时,创始人俞昊然不是全职,而是兼职——他一边在国外读书,一边兼职写代码。创业是一个需要全身心投入的事情,尤其是作为创始人不能全职去经营公司,对于其他合伙人是不公平的。因此,在泡面吧和天使投资人签署的融资协议中,有专门针对俞昊然的条款:俞昊然必须在约定好的日期前回国进入全职创业的状态,否则就会被解聘,名下的股权也将被收归天使投资人所有。

接着,问题就出现了。俞昊然声称,协议条款并没有获得他的同意,签名也是伪造的。而王冲和严霁玥则表示,签名虽然是严霁玥代签的,但是经过俞昊然同意了。于是,泡面吧陷入股权之争,不仅是股份多少的争夺,更是团队老大位置的争夺,公司决策权、分红权、管理权的争夺。最后,他们的矛盾愈演愈烈,走向了分裂。

看看现在那些成功的企业吧!不论采用什么股权分配形式,团队中都有一个老大站在前面,企业也与其领导者的名字紧密联系在一起,如柳传志之于联想、张瑞敏之于海尔、雷军之于小米、华为之于任正非,等等。

可以说,想要合伙创业成功,必须弄清楚老大和团队的关系，否则很容易让团队内部混乱，最后分道扬镳甚至反目成仇。当然，合伙创业不得不面对股权分配的问题，团队股权结构主要有以下三种模式：

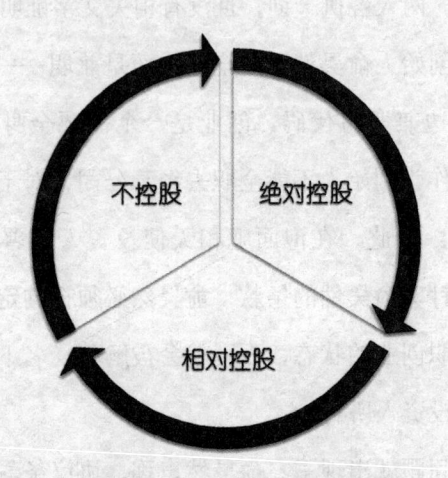

团队股权结构的三种模式

1. 绝对控股

绝对控股，就是其中一个合伙人所占股权比例超过67%，其他合伙人所占股权比例为18%，预留股权比例为15%。这种模式下，这个合伙人成为团队的领导者，因为他的投资最多、能力最强，拥有一票决定权或否决权，同时是相关重大决议的拍板人。

2. 相对控股

相对控股，就是其中一个合伙人所占股权比例为51%，其他合伙人所占股权比例为34%，预留股权比例为15%。这种模式下，这个合伙人也为团队中的领导者，同样是投资最多、能力最强，但是遇到重大事宜如增资、解散、更新章程等，则需要全部合伙人或股东大会集体决策。

3. 不控股

不控股，就是合伙人所占股权比较平均，老大只具有相对优势，所占股权比例只有34%，或是团队中没有老大。这种模式下，每个合伙人的能力都很强，谁都说了算，导致决议和协调配合都非常低效。

管理领域中有这样一个理论：鸡、火鸡、鸵鸟共同生活在一个动物园里，平时难免会比个头争大小。如果两只鸡相遇，都会这样想：你比我要小。如果鸡与火鸡相遇，鸡会这样想：我们的个头差不多；而火鸡会这样想：我比鸡大得多。如果鸡与鸵鸟相遇，鸡会承认对方的个头比自己大；鸵鸟则感叹：想要获得别人的认可，就需要比对方的个头大出很多。这就是著名的"大鸡小鸡论"。

所以说，在合伙创业的团队中必须有老大，且老大必须占大股，股权比例必须超过51%。除此之外，还需要构建有合理差距的股权结构，促使其保持稳定。

这样一来，在没有外资进入时，老大对公司有绝对控股权，且最有话语权。即便有外资进入，经过一轮轮的融资，创业团队也能始终掌控股权，老大也始终是领导者、决策者。

总之，好的创业团队必须有老大，且他必须占大股，是团队的领导者；而老二、老三在权力分配和利益分配上要保持合理性、差异性，同时整个团队都是老大的追随者和支持者。如此，团队的战斗力才会越来越强，企业的发展才能越来越好。

▶ AB股计划，保障股权与投票权相分离

什么是AB股计划？

就是在股权激励中，公司采取AB股模式的股权架构，即在市场上发行A、B两种级别的股份：一种股份是A类普通股，向外部投资人公开发行，每股只有1票的投票权；另一种是附带权益的B类普通股，向合伙人或重要高层管理者发行，每股有10票或更多票的投票权。

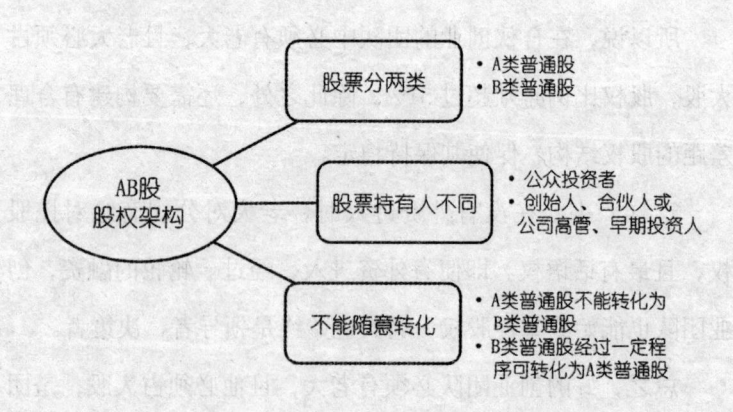

```
                    ┌─────────────┐   • A类普通股
              ┌─────┤  股票分两类  ├── • B类普通股
              │     └─────────────┘
    ┌─────────┤     ┌─────────────┐   • 公众投资者
    │  AB股   │     │             │   • 创始人、合伙人或
    │ 股权架构├─────┤ 股票持有人不同├──   公司高管、早期投资人
    │         │     └─────────────┘
    └─────────┤     ┌─────────────┐   • A类普通股不能转化为
              │     │             │     B类普通股
              └─────┤ 不能随意转化 ├── • B类普通股经过一定程
                    └─────────────┘     序可转化为A类普通股
```

/第二章/ 股权设计：把企业的控制权抓在手里

AB股的股权架构中，股权和投票权相分离形成同股不同权的情况，它具有以下三个特点：

第一，股票分为两类，即A类普通股和B类普通股，每股对应的投票权是不同的，后者通常是前者的10～20倍。B股有深圳B股和上海B股，深圳B股以港币计价，上海B股以美元计价。

第二，股票持有人不同：A类普通股的持有者是公众投资者，一般是二级市场的投资者；B类普通股的持有者通常是创始人、合伙人或公司高管、早期投资人。

第三，两种股票不能随意转化，即A类普通股的持有者不能将手里的A类普通股转化为B类普通股，而B类普通股经过一定程序可以转化为A类普通股。

简单来说，AB股架构是为了保护创始人或少数股东对企业控制权的双层股权结构——即便创始人失去了多数股权，但因为有多数投票权也可以继续掌控公司，不必担心被踢出局或是公司被收购。

实际上，很多企业采用AB股架构，在股权激励中吸引新的投资人和核心人才，在授予激励对象相应股权、股权被稀释的同时，不至于影响其投票权所占比例。我们耳熟能详的公司，如阿里巴巴和京东是在美国上市的，小米和美团是在中国香港上市的，它们都采取了AB股架构。

然而，我们需要明白AB股架构也有缺陷。首先，它打破了同股同权的平衡，也打破了企业内部的民主，把权力集中在少数人手中。如果创始人或核心控制人的决策正确，企业就能保持良好的发展；一旦创始人或核心控制人的决策失误，或是一意孤行，就可能给企业和其他股东带来巨大损失。

比如，聚美优品采取的是 AB 股架构，创始人陈欧持有 34% 的股权，掌握着 75% 的投票权。结果，因为他擅自尝试低价私有化，再加上投资决策失误，引起股价剧烈下跌，就让聚美优品彻底失去了竞争的实力。

同样，即便企业实施了 AB 股计划，也不能确保创始人对公司有绝对的控制权，因为控制权还会受其他因素的影响，如投票权委托和一致行动人协议。

美团实行的是 AB 股计划，A 类股份持有人每股可投 10 票，B 类股份持有人每股可投 1 票。其中，王兴持有 10.4% 的 A 股，拥有 47.14% 的投票权；联合创始人穆荣均持有 2.3% 的 A 股，拥有 10.43% 的投票权；王慧文持有 0.7% 的 A 股，拥有 3.17% 的投票权；腾讯持有约 20% 的 B 股，拥有 9% 的投票权。除此之外，还有红杉、TB、Coatue 等投资人持有 B 股。

可见，王兴的持有股权比例虽然不高，但是他有投票权的优势，所以美团的实际控制人依然是王兴。

进一步来讲，因为三位联合创始人加起来的持有比例只有 13.4%，虽然 1 股相当于 10 票，但是只能决定普通决议，不能直接决定特别决议案。若是王兴与其他联合创始人无法保持一致，就无法绝对控制公司了。

因此，王兴需要借助公司章程、投票权委托协议、一致行动人协议及合伙人制度来保护自己的权益，确定并保障自己对公司的控制权。

▶ 股权成熟机制：保护创始股东的权益

股权成熟期，是指创始人或合伙人的股权在一定时间内到期，每年有一定的成熟比例。股权成熟机制，是指创始人或合伙人在一开始就获得属于他的全部股权，如果他中途离职，企业有权以极低价格回收一定比例的股权，或是把股权以最低价格转让给其他创始人或投资者。

比如，某公司有三个联合创始人，A出资600万元，B出资300万元，C出资100万元，启动资金共1000万元。按照出资额的多少，三人所持股权比例分别为60%、30%、10%，并且办理了工商变更登记手续。经过两年的经营，公司获得快速稳定的发展，业绩和利润不断提升。此时，联合创始人B在经营理念上与A有不同的意见，他就提出了离职。

但是，B并不同意退出股权，因为公司章程并没有规定退出机制，也没有设置股权成熟机制。这样一来，A和C的利益会受到很大损害，公司也会元气大伤。

所以，联合成立公司时，应在公司章程中做出如下规定：所有创始人或合伙人只分配股权选择权，并以一定方式逐渐"成熟"。创始人或合伙人可以对股权的成熟部分行使股东权利，一旦他们在成熟期中途离开，不成熟的股权则由公司以极低价格回购。

可以说，股权成熟机制不是限制创始人或合伙人的股权，而是合理地平衡了离职之人与其他合伙人之间的利益。

这对于创始人或合伙人是有利的，因为离职之人若是带着股权离开，就会严重损害其他创始人或合伙人的利益，不仅会削减其工作积极性，还会导致创业团队军心涣散。股权成熟机制则能有效降低这方面的风险，促使每个创始人或合伙人都朝着一个目标不断奋斗。

一般来说，股权成熟机制分为期限模式和目标模式。前者是创始人或合伙人的股权按时间分批次成熟，成熟期可以是4年，也可以是3年；后者是创始人或合伙人的股权按照阶段性的目标分批次成熟。

比如，某联合创始人W所占公司股权的比例为50%，公司规定股权成熟期为4年。第三年，W因某种原因离职，他所持有50%股权的一半已经成熟，他可以继续持有这25%的股权，剩下的25%股权应该以极低价格转让给其他创始人。如果 W 在公司任职不到一年，没有达到最短服务期，他离职时就不能持有任何股权，全部股权都应被公司收回。

那么，成熟机制是如何操作的呢？具体主要有以下几点：

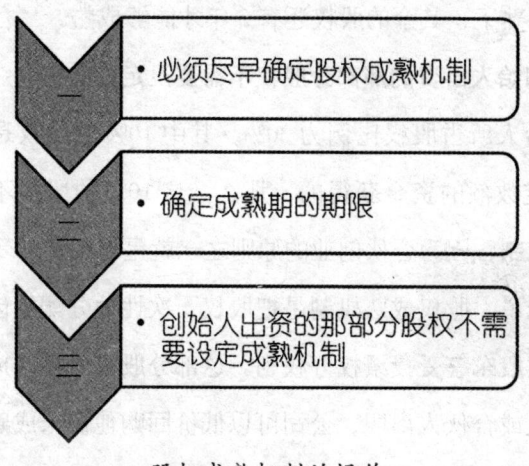

- 一、必须尽早确定股权成熟机制
- 二、确定成熟期的期限
- 三、创始人出资的那部分股权不需要设定成熟机制

股权成熟机制的操作

1. 必须尽早确定股权成熟机制

一旦决定开始合伙创业，就需要设定股权成熟机制，设置的时间越早越好。而且，合伙人之间要签订书面协议，最晚也不能晚于公司开始盈利或是融资时。如果不能提前确定好成熟机制，很可能面临合伙人离职带走股权的风险。

2. 确定成熟期的期限

合伙公司必须根据实际情况和项目特点、行业内其他企业的基本情况来确定成熟期的期限，最好是 4 年。创始人或合伙人开始全职为公司工作时才开始计算成熟期，如果他在前一年只是兼职，这一年时间不能计入成熟期的期限。

同样，如果一个合伙人在签订协议之前已经全职为公司工作一年，那么在设置股权成熟机制时，这一年的应成熟股权已经成熟。就是说，成熟期是4年的话，这个合伙人已经有25%的股权成熟了，其余的股权还有3年才能够成熟。

3. 创始人出资的那部分股权不需要设定成熟机制

创始人所占股权比例为30%，其中10%的股权是因为他投入一定数额的资金获得的，那么，这10%的股权不需要设定成熟机制，因为合伙创业的原则之一就是谁投资谁受益。

可以说，股权成熟机制是把股权一次性地分配给创始人或合伙人，股东享受投票权等权利。这部分股权分批次成熟，如果创始人或合伙人离职，公司可以低价回购他们未成熟的部分股权。

可见，股权成熟机制不仅可以保障创始人或合伙人的利益，还可以激发其主人翁意识，使其更积极地投入精力去工作，为企业创造更多的利润。

▶ **预留股权：保住原有人才，吸收新人才**

在股权激励中，预留股份发挥着非常重要的作用。

预留股份，是指企业预留出一部分股份，用来对新进高级管理人才、核心技术人才、核心运营人才、业绩突出者等进行股权激励，或是对原有的核心人才进行延期激励和长期激励。

这部分股权是必须要预留的。当企业快速发展、积极扩张时，企业需要吸引更多的优秀人才进来，促使企业在以人力资本结构为主的市场竞争中站住脚跟并占据优势。这时候，如果企业不预留一部分股份，不加大企业对人才的吸引力，它就有可能在人才争夺战中败下阵来。

同样，如果企业能完成激励体制计划，对核心人才及业绩突出者进行长期激励，也可以不断提高员工的积极性和创造力，促使员工最大化地发挥个人价值，保持企业强大的人力资源优势，进而促使企业立于不败之地。

更何况，企业的激励机制应该是动态的，管理者需要与时俱进地调整股票期权的激励模式、力度，完善企业的激励机制。

但是根据我国证监会有关规定，除非企业确实有需要才可以预留一部分股份，否则一般不允许，而且预留的比例不能过高，即不能超过本次股权激励计划授予权益总数的10%。因为利用增发新股取得部分预留股份，原始股东的权益就会受损，也会对股价产生较大的影响。如果企业通过回收股份获得预留部分，它就会造成现金流失，导致资金周转出现问题。

那么，如何预留股份呢？

股票期权是股权激励的重要模式，想要实施股票期权计划,就必须有合法有效的预留股份。预留股票期权的主要来源,包括增发新股、原始股东转让股份、国有股减持、二级市场购买、公积金转增股本等。

想要实施限制性股票计划,也需要有合法有效的预留股份。一般来说,股份有限公司在首次公开发行时可以预留股份。而且,企业预留限制性股票的授予,不仅可以提高经营者的积极性,还可以使经营者和股东形成利益共同体,共同实现企业的业绩目标。

还可以把公积金转增股本作为预留股份来源,即公积金转增股本之后,预留一部分股份用于激励员工。这样既不会损害原始股东的权益,也不会影响企业的资金周转。

现实中,很多企业会预留一部分股份用作股权激励。比如,小米公司在成立之初,其估值就达到2.5亿美元,经过6轮融资后,估值高达500亿美元。

进行股权激励计划时,小米对中层以上管理者授予相应的股份,其中11名董事高管获授2212万股,超过5500名员工获授22238万股,占该公司股份数的10.85%。而在最初阶段,公司创始人雷军所持股份占40%左右,其余合伙人所持股份占5%左右,除了员工所授期权,还有一部分预留股份。

又如360公司,起初共预留了1665万普通股。四年后,公司董事会决定增加员工股票期权计划的股票。于是,在后来的员工股票增值计划中,公司把2160万普通股分配到股权激励池中，目的是为公司未来引进人才预留足够的期权。

也就是说，360公司为员工提供了非常优厚的激励政策，老员工所持的股票可以使其获得不少收益，而新加入的核心人才也有机会享受到股票和期权的激励。

当然，预留股份的授予是有限定条件的，尤其是在经营业绩、时间等方面。激励对象也需要付出一定的资金才可以被授予预留股份，其比例应该根据其岗位的重要性和对企业的贡献度来确定。

由于在预留股份授予之前存在股东缺位的问题，所以企业在进行工商注册登记时需要由经营者代为持有预留股份，但不能损害到获授方的利益。

第三章

实操方案:
股权激励实操的八大要略

▶ 定对象：对哪些人进行股权激励

股权激励应该激励哪些人？这个问题是需要最先考虑的。考虑这个问题时，我们无法绕开两个问题：一是激励谁，二是为什么激励他。

对于上市公司来说，激励对象包括公司的董事、高级管理者、核心技术人员或者核心业务人员，以及对公司业绩和未来发展有直接影响的员工。

对于非上市公司来说，选择激励模式和方式的余地更大，激励对象的确定范围也相对大一些。除了公司的高级管理者、核心技术人员，主要包括对公司有突出贡献的员工、业绩贡献大的员工、未来的优秀人才等。

某餐饮公司经历了几年的快速发展，规模不断扩大，开了十几家分店，在本地餐饮行业内的竞争力持续增强。但是，该餐饮公司的发展也出现了诸多问题：业绩增长缓慢，利润增长呈下降趋势，员工激情不足，中高层管理团队流失等。

为了稳定团队、提高业绩，公司决定实施股权激励，并且确定了激励对象。首先，对公司中高层管理人员进行激励，尤其将各分店店长发展为合伙人或是给予一定数量的股份；其次，对于业绩突出的员工进行激励，司龄超过 5 年且表现优秀，或是做出重大贡献的，给予一定数量的股份；增加一些特殊岗位，一旦岗位人员匹配到位并达到了股权激励标准，就给予相应的激励。

实施股权激励之后，公司员工的积极性和业绩都大为提升，团队的向心力和凝聚力也得到了增强。

具体来说，股权激励的对象应该是在公司具有战略价值的核心人才，如企业内拥有关键技术、控制关键资源、掌握核心业务及支撑企业发展的核心人员。

高级管理者，是企业经营管理的核心人员，如总经理、副总经理等，其职位高、责任大，支撑企业的核心发展。

核心技术人员，如研发总监、高级工程师、技术负责人等，属于企业核心技术骨干。

核心业务人员，如市场总监、核心项目管理人员等，关系到企业的业绩提升和持续发展。

无论是上市公司还是非上市公司，这些人都是企业最有价值的核心人才，能帮助企业实现战略目标，保持和提升企业的业绩与竞争优势。这就是股权激励选择对象的重要因素。

那么，要从哪些角度评估激励对象呢？很简单，需要遵从以下几个标准：

评估激励对象的标准

1. 岗位价值

员工的一部分价值是通过岗位价值体现出来的，其职位越高，责任相对越大，专业能力要求也就越高。所以，把岗位价值作为股权激励的评估要素是非常合理的，且是必要的。

2. 素质能力

素质能力，是员工未来对企业做出突出贡献的可能性。企业的员工素质能力越高，他们对企业的贡献就越大，创造的价值也就越高。管理者的素质能力一般都比较高，坚持与企业站在统一战线上，更认同企业的价值观和战略目标。

3. 服务年限

对企业员工来说，服务企业的时间越长，他对企业的付出越大，受企业文化的影响也越大。为了吸引和留住为企业能拼搏、对企业认同的员工，企业非常有必要对其进行股权激励，进一步提高其忠诚度，调动其积极性和能动性。

4. 绩效考核

在绩效管理中，KPI 是一个得到最为普遍运用的管理工具。员工在绩效考核中成绩越优异，其专业能力越强，业绩贡献就越大。同时，把绩效考核和股权激励结合起来，股权激励就会在员工中产生共鸣，真正激发其内在潜力。

5. 历史贡献

这侧重考察员工对企业的历史贡献。对有突出业绩、技术更新、管理贡献的员工进行激励，不仅可以激发其积极性和忠诚度，还可以吸引新人才，促进企业快速发展。

确定股权激励对象时，我们还需要掌握以下几个原则：

1. 公平公正的原则

想要通过股权激励方式成功地留住人才、激励人才，提升企业的核心竞争力，就需要在选择股权激励对象时遵守公平公正的原则，不掺杂私人感情，不搞区别对待，在客观评价的基础上做出选择。

做不到公平公正，比如同样是对公司有突出贡献的技术骨干，一人获得比较大的股权激励额度，一人获得比较小的股权激励额度，或是重技术而轻管理、重亲信而轻非亲信，这一激励方案注定是失败的，还可能导致企业内部矛盾丛生。

2. 不可替代的原则

股权激励计划，不是谁想参加就能参加的。为了让股权激励发挥更大的作用，企业需要限定激励对象的数量。所以，选择激励对象时，企业必须把握好这个原则，确保参与股权激励计划的员工是不可替代的，如核心技术骨干。

3. 注重未来贡献的原则

选择激励对象时，企业需要评估员工的历史贡献，也要注重其未来可能给企业带来的贡献，即注重其未来发展的潜力。

一些技术、管理人员虽然当前对企业的贡献不大，但是经过培养，他们大概率会成为企业的精英，也可以把他们确定为激励对象。当然，目前给予这些人的股权激励要少一些，等到他们真正发挥自身的价值之后，企业必须对他们的股权激励加大力度。

▶ 定条件：想被股权激励是有条件的

确定了股权激励的对象，接下来需要确定激励对象在什么条件下才能行权。实际上，想要达到激励的目的，股权激励要有一定的约束条件，即激励对象必须达到或满足一定条件才能获得股权，不达到条件就不能获得股权。

约束条件可以分为授予条件和行权条件，也可以分为公司必须符合的要求和激励对象必须符合的要求。

1. 授予条件

对于上市公司来说,如果未发生下列任何一种情形,即符合实施股权激励计划的要求。

第一,最近一个会计年度的财务会计报告,被注册会计师出具否定意见或无法表示意见的审计报告。

第二,最近一年内,因为重大违法违规行为被证监会给予行政处罚。

第三,证监会认定的不能实施股权激励计划的其他情形。

对上市公司的激励对象来说,如果未发生以下任何一种情形,即符合股权激励计划的法定授予条件。

第一,最近三年内,被交易所公开谴责或宣布为不适当人选。

第二,最近三年内,因重大违法违规行为被证监会给予行政处罚。

第三,公司法规定的不得担任公司董事、监事、高级管理人员的情形。

对于非上市公司来说,它没有法定的授予条件,公司可以自行决定是否设置相关授予条件。但是,考虑到股权激励的公平公正原则,需要考虑把员工的工龄、学历、岗位设置为股权激励的授予条件——在激励计划中,说明同一岗位的员工为什么有的人能获得授予资格,而有的人不能获得授予资格,如此才能规避风险。

2. 行权条件

行权条件,是激励对象为获得激励标的行权时必须达到的绩效考核条件。这里所说的绩效考核,主要由两部分组成:一是对公司经营的业绩考核;二是对激励对象的绩效考核。

对于上市公司来说,行权条件中最基本的是激励对象和实施股权激励计划的上市公司在行权条件达成时,需要符合激励对象和上市公司的授予条件。公司要根据自身实际情况制定相关绩效指标,它包括财务指标和非财务指标。

一般来说,公司需要考察以下几个绩效指标:

第一,反映股东回报和公司价值创造的指标,如净资产收益率、经济增加值、每股收益等。

第二,反映公司盈利能力和市场价值的指标,如净利润增长率、主营业务收入增长率、公司总市值增长率等。

第三,反映公司收益质量的指标,如主营业务利润占利润总额的比重、现金营运指数等。

与上市公司相比,虽然非上市公司对股权激励计划的行权条件更加灵活,但是也需要考虑以上因素。企业具体选用哪些绩效指标作为参考,需要考察企业所处的行业特点、企业战略目标及绩效完成情况等。

对于上市公司的激励对象来说,其行权条件也受到法律法规的约束。但这些约束条件是资格性的条件,无法说明这个员工为什么能获得激励资格，而那个员工却不能获得激励资格。

一般来说，激励对象除了要符合授予条件外，还需要在上一年度的绩效考核中获得合格或良好的等次。

为了防止不公平现象的出现，需要根据不同岗位，根据激励对象的工作表现、工作能力、工作态度等综合设置绩效考核指标。比如，激励对象的个人绩效考核成绩为合格，可以行权其可行权额度的60%；如果激励对象的个人绩效考核成绩为良好，可以行权其可行权额度的80%。

就是说，在实施股权激励计划时，其制定的考核体系应该对激励对象的工作绩效做出准确、全面的评价，而且制定的考核指标要具有科学性、合理性，要对激励对象具有约束效力，确保公司实现经营目标和未来发展战略。

最后，我们需要了解行权方式，一般包括现金行权、股票互换行权、经纪人当日出售、本票或贷款行权。

其中，现金行权是最常见的行权方式，即员工用现金支付行权价格，持有购入的股票。如果激励对象或公司的业绩未能满足行权条件，则股权激励标的不得行权，该部分股权激励标的由公司注销，或是按照原价格回购。

▶ 定时间：在什么时候进行股权激励

股权激励是企业众多激励手段中的一种，但并不是处于任何阶段的企业都适合实施这个计划。不同的时机，股权激励的成功率不同，效果也大为不同。

选好时机，根据企业实际情况制订适宜的激励方案，自然可以起到事半功倍的效果。如果时机不对，激励实施过早，不仅会增加企业的运营成本，还可能影响其激励效果。

比如，处于创业初期的公司，盈利水平不高，股权价值还未体现出来。这时候，企业管理者急于进行股权激励，即便给了员工 5% 的股权，恐怕也无法让激励对象热情满满、干劲十足——相对于用数字表现出来的股权，员工更愿意获得现金奖励，毕竟真金白银比"画大饼"更具吸引力。

相反，企业已经做出非常好的业绩，处于快速发展时期，其股权价值已经凸显出来且行业未来的发展前景大好，这时候就是企业实施股权激励的大好时机。即使员工仅被授予不到 1% 的股权，他们也会倍加珍惜和重视，愿意努力发挥个人的最大价值。

那么，企业需要把握哪些好的时机进行股权激励呢？

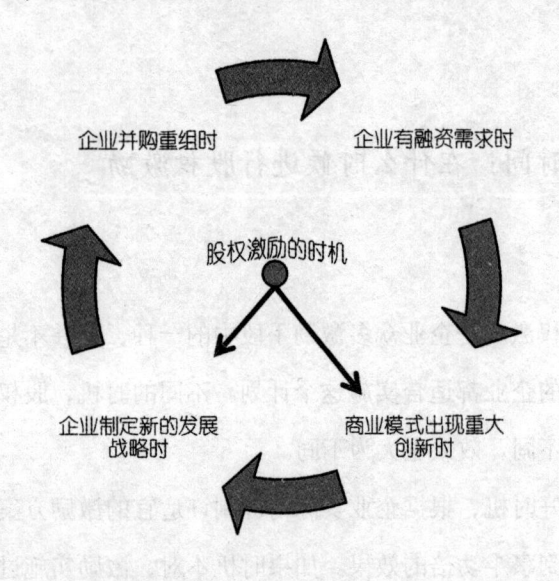

- 企业并购重组时
- 企业有融资需求时
- 股权激励的时机
- 企业制定新的发展战略时
- 商业模式出现重大创新时

1. 企业有融资需求时

企业有融资需求，说明企业正在快速发展，需要引进投资或通过上市来获得资金支持。这时候，企业制订出合理、有效的股权激励计划，可以促使融资目标顺利达成，使得企业发展迈上一个新的台阶。

比如，快手在上市前实施了前雇员持股计划，目的是吸引、激励、留任及奖励董事、若干高级职员及雇员，使他们的利益与公司广大股东的利益挂钩。员工持股股份数量上限为711946697股，其中已行使363146799股，作为B类股份发行。截至2020年9月底，根据雇员持股计划授予人数为4551名。

股权激励的形式为受限制股份，购买价格不得低于普通股的面值，期限为 10 年内归属或由公司购回，且规定 5 年内按照每年不低于 20% 解除限制。

再比如，腾讯在香港联交所上市前后通过购股权计划实施了 5 次股权激励，授予股票购买权给员工。这些方案吸引了大量技术人员和管理人才，同时实现了融资目的，为企业的发展提供了巨大支撑。

2. 商业模式出现重大创新时

企业的商业模式出现重大创新、发生重大变化时，比如从实体转为电商就需要改变原有人才的思维，调动其积极性，并吸引更多具有新思维的人才。这时候，股权激励就成为激励人才和吸引人才的有力手段。

3. 企业制定新的发展战略时

想要实现新的发展战略，企业需要实施股权激励计划，提高员工的工作积极性和能动性，且把激励对象和企业利益捆绑在一起。

4. 企业并购重组时

企业并购重组时，实施股权激励计划有利于稳定原有股东的情绪，避免企业内部产生冲突与矛盾，同时可以利用股权的变化进一步优化股权结构。

需要注意的是，想要股权激励计划达到更好的效果，不仅要选好时机，还需要在制订股权激励计划时设计好不同的时间点，如有效期、授予日、授权日、等待期、解锁期、行权日、行权窗口期和禁售期,等等。只有如此,才能起到长期激励的作用,又不会让员工觉得企业是在"画大饼"。

下面介绍几种股权激励常用的时间节点:

1. 有效期

有效期是获授人可以行使股权权利的期限,即从股权激励计划经股东(大)会或者证监会审批生效起,到涉及的最后一批激励股权行权或解锁完毕。

对于上市公司来说,我国《上市公司股权激励管理办法(试行)》规定:股票期权的有效期从授权日计算不得超过10年;境内公司首次公开发行并上市前获得的限制性股票,通常最短为上市之日起12个月,最长为36个月。

对于非上市公司来说,没有强制性的法律条文规定,可以根据企业的实际情况确定,一般可设置3～8年。

有效期设置,应该与企业阶段性项目或阶段性战略目标的完成时限保持一致,即企业的阶段性战略目标计划的年限是5年,那么股权激励计划的有效期可以设置为5年或6年,不得少于5年。

另外,股权激励计划的有效期不能超过员工劳动合同的有效期。

2. 授权日

授权日是向激励对象授予股权激励的日期。一般来说,等待期、行权期、失效期等时点都是以授权日为起算点的。

股权激励计划的生效日，是公司股东大会审议通过之日，授权日则应该在生效日之后的30日内确定。

对于上市公司来说，授权日必须是交易日，但是也有相关限制，即不能是上市公司定期报告公布前30日，不能是交易或重大事项决定过程中至该事项公告后2个交易日，也不能是其他可能影响股价的重大事件发生之日起至公告后2个交易日。

对于非上市公司来说，授权日应当是工作日，且最好在考核日期前后，应当与企业战略目标的起始日相一致。

3. 等待期

等待期是指激励对象获得股权标的之后，需要等待一段时间，达到一系列事前约定的条件，才能真正获得对激励股份或者激励标的的完全处理权。

《上市公司股权激励管理办法》规定：上市公司股权激励计划的最短等待期是1年，最长等待期一般应当与公司阶段性战略目标的完成时间保持一致。一般来说，有效期为10年的股权激励计划，最短等待期为3～5年。

等待期一般有三种方式：一次性等待期，即约定激励对象在等待期届满后一次性获得全部权益；分批等待期，即约定激励对象分批行权，分次获得相应权益；业绩等待期，即激励对象在有效期内完成既定业绩目标，就可以获得全部权益。

4. 行权期和行权日

行权期是从等待期满次日到股权有效期满日的这一段时间。在此期间，每一个交易日都是可行权日，满足条件的激励对象可以行权。

不过，它还有一个窗口期。就是说，激励对象进入行权期之后，可以在任意交易日行权，但是相关法律法规在行权期内设置了窗口期，激励对象只能在窗口期内行权。

根据有关规定，窗口期是上市公司定期报告公布后第2个交易日至下一次定期报告公布前10个交易日内。

5. 禁售期

禁售期是激励对象不得转让、出售持有股票的一段时期，目的是防止激励对象的短期套现行为。不同企业设置的禁售期长短不同，企业需要根据自身需求和实际情况来确定。比如，阿里巴巴设置的禁售期是24个月，百度设置的禁售期是6个月，华润置地设置的禁售期为36个月。

▶ 定数量：拿多少比例才合适

实施股权激励时，企业需要决定拿出多少股份比例授予激励对象。这个比例的多少，不是老板或创始人拍脑袋就能决定的，需要衡量原有股东对公司的控制权，衡量激励对象的收入结构，衡量激励对象的岗位价值和业绩贡献，以及股份分配是否造成不公平，等等。

拿出多少股份来实施激励计划，包含两方面的内容：一是共拿出多少比例的股份来激励，即激励总量；二是应授予每个激励对象多少股份，即激励个量。

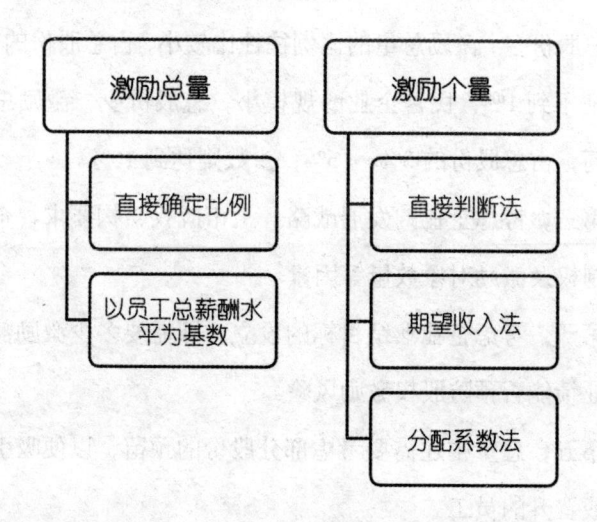

```
激励总量 ── 直接确定比例
         └─ 以员工总薪酬水平为基数

激励个量 ── 直接判断法
         ├─ 期望收入法
         └─ 分配系数法
```

1. 激励总量

确定激励总量的方法有两个。

第一，直接确定一个比例，即根据企业特点、市值与净资产、同行业竞争对手的激励水平来确定。一般来说，这个比例在10%～30%之间，中间值为15%。

第二，以员工总薪酬水平为基数，基于以下公式计算得到：

股权激励总价值＝年度薪金支出总额×系数

其中，系数根据行业和企业的实际情况决定。

在激励总量的确定上，企业需要考虑以下一些必要因素：

第一，考虑总量确定与大股东控制权的关系，看看这个总量是否影响了大股东对于公司的控制权。

第二，考虑企业规模的大小。企业规模越大，发展阶段越高，个人持股比例越小。一般来说，规模大的国企或者股份公司的总股份多，激励总量的比例往往比较小，占总股份的3%，少数则不到1%；民营企业的规模小，总股份少，激励总量往往较高，占总股份的3%～5%，少数则达到10%。

第三，考虑企业的发展战略、上市股权结构要求、企业治理控制权及激励对象数量等因素。

第四，考虑企业业绩目标的设立，即需要多少激励额度，以及业绩能否预防股权激励风险。

第五，总量中还需要考虑部分股份的预留，以便吸引未来新进或晋升的员工。

第六，无论是哪种类型的企业，确定激励总量时都需要考虑所处行业的特色、市场环境、人才需求，考虑竞争对手的积累水平，不能过度激励，也不能低于行业的平均水平。

需要注意的是，确定股权激励的激励总量应该遵守相关法律法规的规定，即上市公司授予激励对象的股权激励股份总额度不得超过公司总股份的10%。对于非上市公司，相关法律法规没有强制性规定,但也需要根据公司的体量、激励对象的购买能力、企业利润规模等因素来确定。

2. 激励个量

确定激励个量的方法有三个。

第一,直接判断法。这适合创业初期的企业,其人数较少,董事会综合评价后直接确定每个激励对象的股权数量就可以了。不过,这需要考察激励对象的职位、业绩等因素,还需要考察激励总量因素产生的后续影响。

第二,期望收入法。这适合处于发展成熟期的企业,其人数较多,通过数据测算以保障股权分配的公平公正。

其计算公式为:个人股权激励数量 = 股权激励收益期望值 ÷ 预期每股收益

股权激励收益期望值 = 个人年薪 × 倍数

其中,倍数是激励对象行权时应获得年薪的时间长短,收益期望值是激励对象应获得几倍年薪的期望收入。

第三,分配系数法,也适合处于发展成熟期的企业。

其计算公式为:个人股权激励数量 = 股权激励总量 × 激励对象个人分配系数 ÷ 公司总分配系数

其中,个人分配系数 = 人才价值系数 ×20%+ 薪酬水平系数 ×40%+ 业绩表现系数 ×30%+ 工作年限 ×10%,公司总分配系数等于所有激励对象个人分配系数的总和。

人才价值评价标准如下:95 分及以上为 A 级,人才价值系数为3；85～94分（含94分）为B级，人才价值系数为2.5；75～84分（含84分）为C级，人才价值系数为2；74分及以下为D级，人才价值系数为1。

薪酬水平标准如下：把所有激励对象中的最低薪酬设定为系数标准1，其他激励对象的薪酬除以最低薪酬，可以得到其薪酬系数。

业绩考核等级分为五级：优秀A，考核系数为1.2；良好B，考核系数为1.1；中等C，考核系数为1.0；合格D，考核系数为0.9；不合格E，考核系数为0.8。

确定激励个量还需要考察以下几个因素：

第一，不仅要考虑公司发展和行业特点，还需要考虑激励对象的中长期薪酬比例。

第二，个人股权激励需要考虑未来预留的数量，应该考虑分批次给予，而不是一次性给予。

第三，注重对核心团队的激励，其激励数量不能少于激励总额的60%，团队第一责任人不得少于20%。

▶ 定价格：是否要用钱来购买股份

股权激励中，员工是否需要出资购买公司股份，这取决于股票的属性。一般来说，实股、注册股是需要花钱购买的，虚拟股是不需要花钱购买的，它属于公司赠予的。

那么，花钱购买的股份用什么方式来定价，价格是多少呢？

对于上市公司来说，股权激励计划的行权价格需要参照股票市场的价格来定。对于非上市公司来说，其行权价格可以通过专业机构的评估来确定每股的内在价值，以此作为股份行权价和出售价的基础。

事实上，对于非上市公司股权价值的评估是比较复杂的。即便评估出相对公允的价格，如果得不到员工的认可也没有任何意义。所以，非上市公司的股权定价，一般采取老板和员工共同协商的方式。当然，这不意味着随意定价，这种协商建立在合理合法的基础之上。

有车以后是一家汽车新媒体，借助互联网这一新模式快速发展起来，成立仅仅52天便得到第一笔风投资金300万元，一年内又获得第二轮融资为 2400 万元。之后，该公司平均半年融资一次，投资方包括腾讯、蓝标创投、真格基金、梅花创投、东方福海等知名机构。

有了强大的资金支撑，有车以后发展迅猛，创始人徐晨华和联合创始人陈强则希望把公司做成新媒体行业中的老大，力图尽快实现上市目的。为了让所有员工都安心工作，向着共同的目标努力奋斗，公司决定通过员工持股计划实施股权激励，激励对象包括 32 名员工，主要为公司中高层管理人员和核心员工，还有部分业务骨干。

有车以后采用的是实股，并不是虚拟股权或期权。公司成立广州有车以后管理咨询合伙企业（有限合伙）作为员工的持股平台，受到激励的员工都成为持股平台的有限合伙人。获得股权比例较多的是电商、产品、技术部门的三位负责人，如果按照公司 12 亿元估值计算，每人的股权价值可达到 1000 多万元。如果按照 20 亿元估值计算，三人的股权价值加起来可达 5000 万元，就连获得股权最少的员工的股权价值也能达到 50 万元。

根据持股计划，员工可以按照注册资本的价格购买股权。当时公司的注册资本为 254.93 万元，而上一轮的注册资本为 234.75 万元，所以员工可以用 2.35 万元获得 1% 的公司股权。就是说，如果公司按照按 20 亿元估值计算，员工花 2 万多元就可以获得价值 2000 万元的股权。

对于员工来说，这是一个非常有刺激性的激励计划，所以，有车以后的股权激励方案非常成功。

下面，我们了解一下非上市公司的股权定价标准。

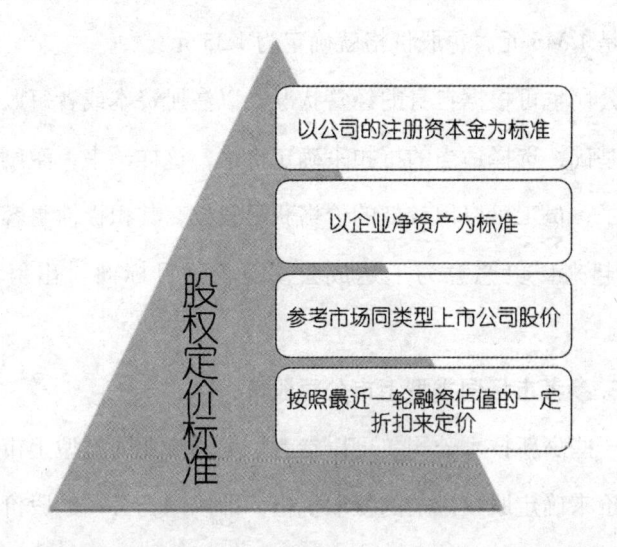

股权定价标准
- 以公司的注册资本金为标准
- 以企业净资产为标准
- 参考市场同类型上市公司股价
- 按照最近一轮融资估值的一定折扣来定价

1. 以公司的注册资本金为标准

即以公司注册资本金为标准确定股权价格，每份激励标的的获取价格设定为1元。这是最简单的定价方法，也适合注册资本金与净资产相差不大的中小企业。

2. 以企业净资产为标准

即通过专业评估机构来评估企业的净资产，净资产除以总股本获得每股净资产的价值，然后以每股净资产价值作为每股激励标的的价格。这适合注册资本金与净资产相差较大的企业，也是员工比较乐于接受的定价方式。

比如，某公司制订了股权激励计划，向公司及下属控股子公司董事、监事、高级管理人员及主要业务骨干发行限制性股票，其激励股份的购买价格是按照公司当年财务年度报表披露的每股净资产为基础来确定的。当时，该公司下半年每股的净资产是1.345元，每股价格就确定为1.35元。

公司也可根据自身的经营状况，以注册资本或者每股净资产为基础，选择适当的折扣来确定价格。这样一来，激励力度加大了，员工可以用较低的价格获得股权，其积极性更容易被调动起来，更愿意为了达成公司的长远目标而付出努力和热情。

3. 参考市场同类型上市公司股价

一些高新技术公司，可以参考市场同行业同类型上市公司的股价来确定股权激励的获取价格。即以同类公司的股价和财务数据为依据，计算出本公司的主要财务比率，然后利用这些比率作为市场价格乘数对目标公司进行估值。

市盈率是比较普遍的估值方式，即按照净利润的倍数来定价。比如，某公司每年的净利润是100万元，那么按照10倍的市盈率来算，其每股定价就是10元。

上市公司的市盈率有两种，即历史市盈率和预测市盈率。前者是公司上一个财务年度的利润，后者是公司当前财务年度的利润，或是未来12个月的利润。一般来说，预测市盈率对历史市盈率都有一个折扣。

其中，公司价值 = 预测市盈率 × 公司未来12个月的利润比如，某行业的平均历史市盈率是40，那么预测市盈率为30左右。对于同行业同等规模的非上市公司来说，其预测市盈率则为15～20；同行业且规模较小的初创企业的预测市盈率更小一些，一般为7～10。

4. 按照最近一轮融资估值的一定折扣来定价

按照最近一轮融资估值的一定折扣来定价，而折扣则需要参考企业的实际情况来确定，一般来说在1～5折之间。

比如，某企业最近一轮的融资估值为1000万，则激励股份可以是100万到500万。因为融资估值本身较低，按照融资估值来定价，员工们都愿意接受。如果企业在融资估值的基础上再给予一定的折扣，员工会更加积极，更能让股权激励发挥更好的作用。

▶ 定来源：股票哪里来，资金哪里来

股权激励的来源，涉及股票的来源和资金的来源。

股票的来源直接关系到股东权益、公司控制权及现金流等问题，而资金的来源则影响着激励对象能否行权。两者都直接决定了股权激励计划能否成功，激励效果是大还是小。

1. 股票来源

股票来源是指股权激励标的的来源。对于上市公司来说，它主要包括向激励对象发行股份、回购本公司股份、股东转让或赠予、留存股票及法律法规允许的其他方式。

目前，在上市公司实行股票期权的股权激励中，最常使用的方式是向激励对象定向增发股份，以满足激励对象的行权需要。这种方式不需要公司支出现金，能缓解公司的现金流压力，在行权后，公司的资本金还会有所增加。

回购股票，是指公司直接从二级市场购回股权激励所需数量的股票。根据相关规定：上市公司股东不得直接向激励对象赠予或转让股份，应该将股份赠予或转让给公司，并视为上市公司以特定价格或零价格向这些股东定向回购这部分股票。然后，公司再按照股权激励计划，将这部分股票授予激励对象。

需要注意的是，公司回购的这部分股份必须在一年内授予激励对象；回购的股份不得超过已发行股份总额的5%，且回购股份的资金应从公司的税后利润中支出。

对于非上市公司来说，股票的来源主要有两个途径，即原有股东转让部分股份和增资扩股。

在公司有多名股东的情况下，采用原有股东转让股份的方式涉及其股权比例及控制权的变化。所以，采用这个方式时，原有股东必须根据自己的股权情况制订合理的激励方案。

增资扩股，则需要经过股东大会三分之二以上持股股东决议才能进行。激励对象行权后，可以增加公司注册资本的规模，这也是股权激励标的的主要来源。

2. 资金来源

对于上市公司来说，资金可能来源于股票期权、折价购股型限制性股票，或者折扣购股型限制性股票。

假设公司采用股票期权或折价购股型限制性股票的激励模式，激励标的就是上市公司定向增发后取得的股权激励标的的股票。这样一来，激励对象需要自己筹集资金。根据相关规定，公司不得为其筹集资金，也不能为其提供借款担保。同时，上市公司提取的激励基金也不能用来资助激励对象购买限制性股票或是行使股票期权。

假设公司采用折扣购股型限制性股票的激励模式，那么上市公司可以根据相关法律法规、公司章程及议事规程提取激励基金，用来从二级市场回购本公司股票，然后用于对员工的股权激励。

对于非上市公司来说，其资金来源渠道众多，主要有以下几个：

第一，激励对象的自筹资金。当公司按照注册资本金或每股净资产的优惠折扣授予激励对象股权时，激励对象可以自筹资金购买股份。

第二，激励对象的工资或奖金。很多时候，激励对象不想花钱或是筹借资金购买股份。为免除员工的后顾之忧，公司可以从其工资或奖金中扣除一部分作为他们购买股份的资金。当然，扣除的部分应与激励对象商议，且不影响其生活质量。

第三，公司或股东的借款，或是为激励对象的借款作担保。与上市公司不同的是，非上市公司的股东可以借款给激励对象，也可以为其贷款作担保。这样可以调动激励对象的积极性，保障股权激励计划的顺利实施。不过，借款或担保的过程中，需要考察激励对象的个人价值、业绩贡献等因素。

此外，员工还可用分红来购买股票，即获得股票时不需要支付资金，约定将每年的全部分红或部分分红用来支付购买股份的价款。

总之，股权激励要想成功且取得很好的效果，必须做到要有足够的股份可授，明确知晓股票和资金从哪里来，这样才能灵活地运用各种方式进行激励。

▶ 定管理：有效保障股权激励的实施

股权激励计划的实施是一项系统而又全面的工作，为了确保这项工作更好地进行且取得良好的效果，需要制定一系列的管理机制。

股权激励计划的实施机制包括五个方面，即管理机制、调整机制、修改机制、变更机制、终止机制。

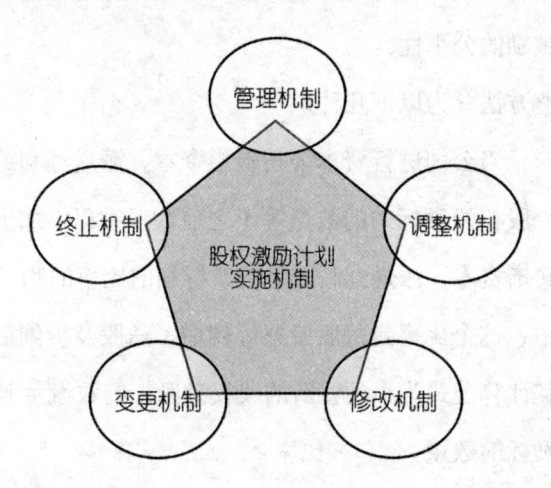

```
         管理机制
    ╱              ╲
终止机制          调整机制
   股权激励计划
    实施机制
    ╲              ╱
  变更机制      修改机制
```

1. 管理机制

股权激励计划的管理机制分为两个层面：一是公司层面，二是政府层面。

在公司层面，股东大会是股权激励的决策机构，董事会负责股权激励的日常领导和管理。一般来说，董事会下设薪酬委员会，对股权激励计划进行具体管理，并由监事会对股权激励工作进行监督。

在政府层面，证监会等部门会制定相关制度、法规来管理股权激励机制的实施。

2. 调整机制

公司授予激励对象股权激励标的之后，到激励对象行权之日的期间内，可能会发生资本公积转增资本、派送红利、股票缩股及配股等情况。这时候，公司需要对授予激励对象的标的数量、价格进行调整，以便保障激励对象的利益不受损失，维持股权激励的公平性。

调整方法分为以下几种：

第一，当公司进行资本公积转增资本、派送红利或是股票拆细时，股权激励标的的数量等于之前数量乘以1加上每股资本公积转增资本、派送红利或是股票拆细的比率的和。

其中，这个比率是每股股票经转增、送股及拆细后的股票数量。其计算公式为：调整后的股权激励标的数量＝调整前的股权激励标的数量 ×（1+比率）

股权激励标的的行权价格等于调整前的行权价格除以1加上每股资本公积转增资本、派送红利或是股票拆细的比率的和。其计算公式为：调整后的股权激励标的行权价格＝调整前的股权激励标的行权价格 ÷（1+比率）

第二，当公司缩股时，股权激励标的的数量等于调整前的数量乘以缩股比例。其计算公式为：调整后的股权激励标的数量＝调整前的股权激励标的数量 × 缩股比例

股权激励标的的行权价格等于调整前的行权价格除以缩股比例。其计算公式为：调整后的股权激励标的行权价格＝调整前的股权激励标的行权价格 ÷ 缩股比例

第三，当公司进行配股时，其调整就比较复杂些。其计算公式为：调整后的股权激励标的数量＝调整前的股权激励标的

数量×配股股权登记日当日收盘价×(1+配股比例)÷(配股股权登记日当日收盘价+配股价格×配股比例)

其中，配股比例是配股股数与配股前公司总股本的比值。

调整后的股权激励标的行权价格＝调整前的股权激励标的行权价格×(股权登记日当日收盘价+配股价格×配股比例)÷[股权登记日当日收盘价×(1+配股比例)]

第四，当公司发生重大事项时，如企业重组并购或是控制权发生变更，也需要调整股权激励标的数量。

需要注意的是，公司进行派息时，股权激励标的的行权价格也需要调整，等于调整前的行权价格减去每股的派息额。其计算公式为：调整后的股权激励标的行权价格＝调整前股权激励标的的行权价格－每股派息额

因为股权激励计划都是事先设计好的，所以调整时需要通知激励对象。上市公司董事会调整股票期权数量和价格后，应当按照有关法规进行审批或是备案，及时在公司内部公告。

3. 修改机制

除了以上原因调整股权激励标的的数量和行权价格外，其他原因导致的股权数量和行权价格调整，也应该被认定为一种对原有股权激励计划的修改。它会影响激励对象和股东的预期利益，所以必须征得激励对象的同意，经过董事会决议并经股东大会审议批准。

一般来说，出现以下几种情况时要对股权激励计划进行修

改：改变股权激励标的行权价格；改变激励对象的授予资格规定；延长股权激励计划的有效期或行权有效期；改变股权激励计划的考核标准等。

4. 变更机制

一般来说，如果公司的控制权出现变更、合并、分立等情况，股权激励标的不做变更，激励计划也不做改变，激励对象不能加速行权。但是，如果公司因为控制权变更、合并、分立而导致该计划涉及的股权激励标的发生变化，那就必须调整激励标的，确保激励对象的预期利益。

激励对象的职务或自身情况发生变化，如职务变更、职务降职、解聘离职、退休离职、丧失劳动能力或死亡，激励计划中的某些条款将会发生变更。

5. 终止机制

股权激励计划的终止主要包括以下几种情况：因公司未达到实施股权激励计划资格而终止，如最近一年内因违法违规行为被行政处罚；因激励对象未达到激励标的资格而终止，如最近三年内被证券交易所公开谴责或宣布为不适当人员；因其他原因而终止，如董事会认为股权激励计划无法实施，或是实施效果不好。

▶ 定机制：退出机制是股权设计的"紧箍咒"

股权激励计划实施中，无论企业授予激励对象的是实股、期权还是虚拟股，都需要提前制定好退出机制，比如什么时候可以退，以什么方式退，回购的价格是多少，等等。尤其是大股东、核心人才的退出，需要进行约束和限制，这样才能避免出现股权纠纷，以降低企业和激励对象面临的风险。

简单来说，没有退出机制的话，若是员工离职或是因过错退出时，公司便无法回收股权，进而影响今后公司股权激励的实施及公司的正常运行。

相反，若是提前定好退出机制，公司便可以收回股权——以低于认购价的价格甚至零元的价格进行回购。

比如，某餐饮公司成立于2010年，创始人A独立经营和管理公司。一年后，A通过股权激励方案将B和C发展成自然人股东——B和C原本是公司中层管理人员，分别出资2万元各获得公司12%的股份。

之后，B因为过错选择了辞职，并且私下将手中的股权出售给D，经A和C协商回购这些股权，但是B并不"悔改"。

于是，A以B私自出售股权行为违反有关法律规定的名义将其告上法庭，要求其履行法定程序，将其股权低价出售给A或C。

经法院核查，发现该公司章程和激励方案中有这样的规定：公司股权不得向公司以外的任何团体和个人出售、转让。公司改制一年后，经董事会批准方可在公司内部赠予、转让和继承；持股人退休或死亡，经董事会批准后方可继承、转让或由企业收购。持股人若辞职、调离或被辞退、解除劳动合同的，所持股份由公司以原价或低价收购；激励对象与公司的聘用合同未到期，未经公司同意辞职的，或因过错辞职、被辞退的，需无条件将已获股权出售给公司其他股东，或由公司回购；本章程由全体股东共同认可，自公司设立之日起生效。

因为该公司章程和激励方案中明确了退出机制，所以法院支持A的请求，判决B需履行法定程序，依法将股权出售给其他股东或由公司收回。

一般来说，关于退出机制有两个方面的约定：一是员工因任职期满离职，或是因疾病无法工作；二是员工因过错退出，如违反公司规章制度、违反股权激励协议约定等。

对于第一种情况，公司通常是愿意回收股权的。对于第二种情况，公司往往希望以较低价格甚至零成本进行回收，并且会写入相应的协议文件中。比如，劳动合同法规定：员工违法竞业限制约定或是违反服务期约定，公司可以向员工主张违约金。除了以上情况，公司不可随意向员工主张违约金，如果以低于行权价回购激励股权则属于无效行为。如果员工属于过错性退出，但是不符合以上情况，公司要求低于认购价或是零成本回购的也属于无效行为。同时，需要注意以下几点：

第一，激励对象职务发生变更但仍在公司任职，若变更后职务不在计划对象激励范围内，则不再享受获授股权的权利。

第二，激励对象与公司合同未到期，但受公司经营性原因影响而离职，其已行权的股权继续有效，可以保留。但在这个过程中，未经董事会一致同意，这部分股权不得转让给本公司股东以外的人或其他公司。若是员工擅自离职，其已经行权的股权无效，激励对象需要无条件地将已经获得的股权以购买价格的三分之一出售给公司其他股东，或是由本公司回购。

第三，激励对象退休，已行权的股权和已授予但尚未行权的标的股权继续有效，尚未标的的股权不再授予并作废。同样，激励对象死亡的，已行权的股权和已授予但尚未行权的标的股权继续有效，尚未标的的股权不再授予并作废。

另外，退出机制还规定了股权激励回收、回购的范围。

第一，已经行权的期权。即员工达到公司的业绩指标后，以协议规定的价格购买股权。对于公司来说，员工离职后是不能继续持有股权的，否则就违背了激励的初衷。所以，激励计划中通常会做出这样的规定：员工离职后，公司以约定的价格回收其股权。

第二，已成熟而未行权的期权。即员工满足公司授予条件后获得的行权资格。如在行权窗口期，员工想要离职，他有选择是否行权的权利。如果选择行权，就需要按照协议的行权价格购买该部分股权，然后公司再以约定价格回购。如果选择放弃行权，这部分股权就会由公司收回。

第三，未成熟的期权。员工没有达到行权条件，公司会全部收回放入期权池。

回收股权时，其价格是不同的。一般来说，公司会根据自身的实际情况设置回收价格。

公司刚刚起步时，其市场估值具有较大的不确定性，所以会直接按照行权价格约定回收价，通常是行权价的 1～3 倍，以便提升激励对象对于公司的信任和认可程度；公司发展比较稳定时，其市场估值比较确定，融资估值也比较接近真实的市场公允价，这时公司应该根据最新一轮融资估值的一定折扣确定回收价格。这样不仅可以起到激励作用，还可以减轻现金流对公司的压力。

需要注意的是，在回购股权时，如果公司股东与公司无法达成协议，股东可以在股东会议决议通过之日起 90 日内向人民法院提出诉讼。

可以说，股权激励是一种激励与约束并存的机制。为了确保公司和激励对象的利益，最好提前约定好退出机制，给公司和激励对象都加上一个"紧箍咒"。

第四章

股权激励：
不只是企业"可望的梅子"

▶ 实施股权激励的流程很重要

公司设计股权激励计划方案时，应从其发展战略和全局考虑，审时度势，明确股权激励的目的，并且严格按照流程来执行。如此，才能制订出适合本公司的股权激励计划，使其发挥最大的效用。

一般来说，实施股权激励的流程如下：

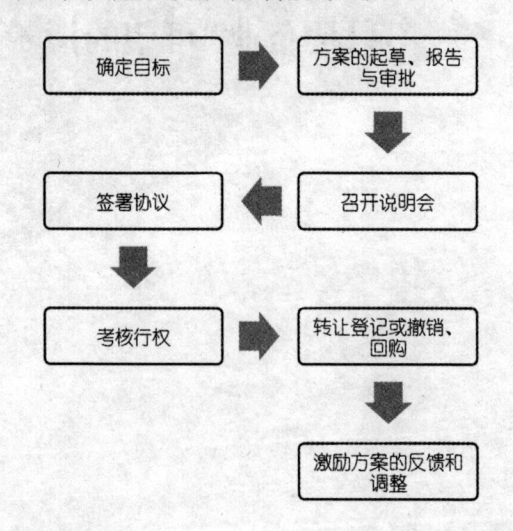

```
确定目标  →  方案的起草、报告与审批
                    ↓
签署协议  ←  召开说明会
    ↓
考核行权  →  转让登记或撤销、回购
                    ↓
              激励方案的反馈和调整
```

1. 确定目标

目标不同，对应的激励方式则不同；激励对象的范围不同，

激励计划方案的内容自然也不同。所以，公司老板或管理者必须明确股权激励的目标，是要充分调动高管及核心员工的积极性，还是留住和吸引人才，抑或是把股东和经营者的个人利益捆绑在一起。

假设目标是将股东和经营者的个人利益捆绑在一起，就需要给予股东实股，而不是采取虚拟股权的激励方式；如果目标是留住和吸引人才，则采取股票增值权、员工持股计划的激励方式，可以长期实施，避免一次性授予股权。

2. 方案的起草、报告与审批

方案的起草，是股权激励中最重要的内容。所谓方案，是指股权激励的纲领文件，它是实施股权激励的依据。

起草方案时，需要定模式、定对象、定时间、定来源、定数量、定机制等，还要与老板、股东、董事、拟激励对象进行沟通，听取各方意见，根据实际情况对方案进行调整。

定对象时，上市公司应该在股东大会召开前通过公司网站或其他方式，在公司内部披露激励对象的姓名和职务，公示期不能少于10天。监事会要对激励对象进行审核，充分听取公众的意见。在股东大会审议股权激励前5天，上市公司要披露监事会对激励名单的审核及公司情况的说明。

方案起草完成后，还需要由股东大会或董事会决议通过。这是因为，涉及实际股份变更的激励方案需要增资或原股东出让部分股份，这时若有新股东加入股东大会，就需要修改公司章程，办理工商变更登记。如果股权激励不涉及实际股权变更，就不需要股东大会决议通过，只需要最高决策者通过即可。

3. 召开说明会

方案决议通过后，需要安排一次方案说明会，最好由专业的外部顾问来主导。

为什么要召开说明会呢？很简单，在股权激励过程中，股东出让了较大利益，但是激励对象并不完全了解——对于激励对象来说，他们并不真正了解股权激励的目的是什么，自己可以获得哪些利益，自己为什么被选为激励对象。说明会的召开，可以让激励对象了解自己应获得的利益，提升其信心、积极性，进而促使激励目标的实现。

4. 签署协议

股权激励合同，由公司和激励对象双方签订，包括股权集权方案的核心内容、双方的权利和义务。

事实上，股权激励是双方达成的在一定条件下的利益让渡协议，需要与每位激励对象形成书面约定才具有法定效力。

有了协议，并且尽量保证相关内容具体、明确、完整，才不至于产生纠纷。条件满足后，激励对象才能获得自己的利益；若激励对象离职，公司可以按照协议回收股权。

5. 考核行权

接下来，激励对象进入考核期。考核期结束后，公司会依据事前确定的考核指标和方案对激励对象进行考核，确定其是否有条件行权。

6. 转让登记或撤销、回购

在股权激励的最后，激励对象可以获得股份，并办理工商变更登记。不过，如果激励对象离职或是出现违纪、死亡、丧失民事行为能力等特殊情况，公司有权撤销未行权的部分，回购已行权的部分。回购股份之后，需要重新办理股权登记。

7. 激励方案的反馈和调整

股权激励方案并不是一成不变的，要依据公司的发展阶段进行调整，同时要随着外部环境、国家政策的变化而调整，以便适应公司发展与市场变化。一般来说，需要调整股权激励的模式、持股方式、持股对象、价格、考核期等。

总之，股权激励是否能发挥作用，取决于方案的好坏，更取决于计划能否顺利实施。任何一家公司，只要按照以上流程来操作，其股权激励就可以说成功了一半。

▶ 股权激励与绩效管理不可重复

很多人认为股权激励与绩效管理是一样的作用，其实这种认知是错误的。

不可否认，股权激励与绩效管理有着密切的关系。对于公司来说，二者缺一不可，且绩效管理是实施股权激励的基础。

原因很简单，如何选择激励对象，如何把股权分配给最合适的人，这需要对员工进行综合评价，而评价的依据就是绩效考核情况。通过设定绩效目标、管理考核过程及评价考核结果，公司才能更好地评定哪位员工业绩最突出、最具个人价值。

可以说，缺乏绩效考核，股权激励就可能发展成给员工的股权福利——业绩好不好、贡献大不大，其结果都一样，自然无法最大限度地激发员工的积极性。同样，没有绩效管理作为基础，股权激励就会失去约束，想给谁股份就给谁、想给多少就给多少，自然无法实现好的效果。

从公司制订和实施股权激励计划开始，绩效管理就发挥了非常重要的作用。同样，股权激励也可以推动绩效管理制度的完善。很多处于创业初期的公司，并没有建立起完善的绩效管理体制，但是为了能进行股权激励，并吸引优秀人才或是激发核心人才的创造性和能动性，便开始进行绩效考核，提高绩效管理水平。

然而，股权激励和绩效管理是独立的，二者的目的相同，但出发点不同。股权激励是从源头把控，增加员工对于公司的认同感和主人翁意识，提高工作积极性，通过实现个人价值来提升公司价值；绩效管理则是从结果方面进行把控，公司老板或管理者制订相关的绩效计划，对员工的工作业绩进行综合评价，进而提升个人和公司的绩效。

同样，股权激励与绩效管理是不可重复的。

进行股权激励之后，不能不发绩效薪资，因为薪资以工资、奖金为主，员工绩效考核成绩好、业绩突出，可以拿到比别人高的薪资。在股权激励制度下，激励对象拿到薪资后，还可以得到股权分红，所获得的股权分红和股权利益与公司创造的利润挂钩。

只要为公司创造了价值，激励对象就可以拿到分红和股权利益，刺激其与公司共同创造更多的价值。可以说，股权激励是一个独立的激励系统，它不涉及论功行赏，主要取决于激励对象在激励计划中可以获得多少股权，取决于他是否具有个人价值以及未来能够为公司创造多少价值。

另外，股权激励和绩效管理的范围与权益也是不同的。股权激励的对象可以是全体员工，但绝大部分只是公司中的少数人，如核心管理层、核心技术人才等；绩效管理则针对所有员工，每位员工都要接受绩效考核，只是考核的具体内容和标准有所不同而已。

对于激励对象来说，获得股权后享受分红权，从普通员工变成公司股东，也是需要接受绩效考核。对于绝大部分员工来说，绩效薪资就是岗位价值的押金，是根据其绩效考核结果给予的一次性奖励。如果某位员工不能完成绩效考核，将会面临相应处罚。

所以，股东分红和绩效薪资是来源于不同管理体系的权益，绩效薪资不能取代分红。

总之，公司需要加大股权激励的力度，同时也要完善绩效管理机制，尤其是针对公司的高级管理人员，需要把股权激励和绩效考核结合起来，实现长短期激励的有效结合，促使员工追求个人利益最大化的同时，实现公司价值的最大化。

▶ 股散人散 VS 股散人聚

在传统的考核机制中，很多公司中高层管理人员和普通员工不管付出多少努力，得到的回报往往比预期的少。久而久之，员工的积极性被消磨掉了，甚至还会直接辞职或跳槽。

于是，公司管理者实行激励机制，给予员工奖金、分红、股权，但是处于激励中的员工似乎并不领情。比如，中高层管理人才原本的薪酬水平就比较高，若公司给予的分红额度较小或是股份比例不大，根本调动不了他的积极性，也无法赢得他的认同感。再如，一些核心技术人才往往因为其重要性、关键性被吸引进来，且被列入股权激励范畴，但这些人只是获得了额外的奖金和分红，并没有参与到公司管理中，没有被授予相应的"权力",也很难真正受到激励的鼓舞。

而且,公司的股权激励范围过大,高层核心人才得到激励,中层管理者、销售人员也得到激励,就变得股权容易分散,激励力度也逐渐变小。换句话说,不该给予激励的对象得到了激励,该给予大力度激励的对象只是获得了小力度的激励,效果自然会大打折扣。

可以说,实施股权激励最忌讳的是:股权分出去了,人却没有真正"聚"起来。公司管理者需要明白,股权激励不是简单地把股份分给员工,而是针对公司的关键管理层、核心骨干,促使员工与公司形成利益共同体,进而为公司创造更大的价值。

股权是一家公司最稀缺的资源,如果公司的股权越来越分散,它就失去了最有价值的资源,失去了未来的发展动力。另外,股权的背后是财富。对于公司创始人来说,通过股权激励把股权授予员工,并不是"我给了你,我就少了"的零和游戏,而是一种促使双方共赢、创造更大财富的共赢游戏。

蒙牛创始人牛根生说过:"我相信,财聚人散,财散人聚。"这也是蒙牛迅速崛起的一大秘招。

蒙牛成立之初,各重要岗位上的40余名管理者、供应商、经销商都参股,牛根生把一定比例的股权授予这些激励对象。在公司内部发行的股票,员工可以根据司龄和职位购买不同的股票。这样的股权激励方式,促使蒙牛的业绩快速增长,迅速成为全国著名的乳业公司之一。

2002年9月,蒙牛的管理层注册了金牛与银牛两家投资公司,通过股权划转、直接出资入股及信托等方式,促使蒙牛的管理层、雇员、其他投资者、业务联系人员间接地持有了蒙牛的股份。

其中,金牛的股份由15位蒙牛的高管人员持有,牛根生和其他6位高管持有金牛87.4%的股份。银牛的股份,则由蒙牛或与其业务相关公司的中高层管理人员持有。

几年之后,蒙牛再次推行股权激励计划,授出8880万股期权,使得蒙牛乳业4位执行董事共获得1246万股期权。其中,总裁杨文俊获得660万股,冰淇淋公司总经理孙玉斌获得165万股,首席财务官姚同山获得100万股,副总裁白瑛获得321万股。

后来,蒙牛又一次启动股权激励计划,期限为3年。这一次,激励对象侧重骨干员工,核心高管所占比例非常低。随后,蒙牛推出了"员工幸福计划",它包括几个具体项目,即孝心计划、"宝贝"计划、健康计划、宿舍计划、帮扶计划、司龄计划,从员工父母、子女、医保、住房、扶贫、老员工关怀等方面进行激励,让4万多名员工享受到公司的红利。

可以说,蒙牛的快速发展,离不开股权激励发挥的作用。创始人牛根生的股权比重虽不断减少,对他和公司来说,股权散了,财也散了,但是人聚了,让员工与公司形成利益共同体，也带来了无限的发展希望及巨大的财富。

因此，股权激励对于公司来说很重要，实施过程中应当努力做到股散人聚，避免股散人散。实施过程中，需要注意以下三个问题：

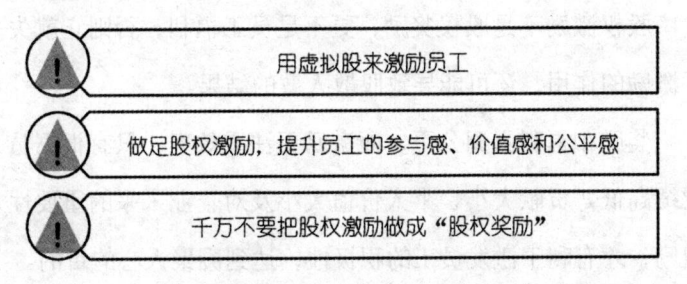

- 用虚拟股来激励员工
- 做足股权激励，提升员工的参与感、价值感和公平感
- 千万不要把股权激励做成"股权奖励"

股权激励实施中需要注意的问题

1. 用虚拟股来激励员工

为避免股权分散，企业可以用虚拟股来激励员工，因为虚拟股只有分红权，有的则只有股份增值权，没有股份所有权。员工在职期间享有虚拟股，一旦离职，虚拟股就失效了。

企业创始人和管理者要坚持股散人聚和股聚人聚的原则，既要对员工进行激励，又要避免因为股权激励而导致股权过于分散。

2. 做足股权激励，提升员工的参与感、价值感和公平感

股权激励过程中，真正想要提升其激励效果，需要提升员工的参与感、价值感和公平感。首先，企业要让员工葆有主人翁意识，把企业目标当作个人事业而不是老板的梦想。其次，企业要让员工知晓股权的价值，明确了解企业的发展状况、团

队优势、商业架构等情况。最后，企业要公开股权发放的标准和股权激励方案，让员工知晓什么样的人可以被授予股权，拿到股权的人可以获得怎样的利益，等等。

3. 千万不要把股权激励做成"股权奖励"

股权激励不是股权奖励，更不是员工福利，否则它就失去了激励的作用，还可能导致股散人散的结果。

奖励和福利强调公平，而激励更注重效率。只有根据员工业绩高低、贡献大小、个人价值大小及对企业未来的重要性来激励，才有利于激发员工的积极性，达到凝聚人心的目的。

▶ 企业成长阶段不同，股权激励计划自然不同

企业所处的发展阶段不同，其制订的股权激励计划自然也就不同。从企业的发展阶段来说，分为初创期、发展期、成熟期、衰退期四个阶段。

所处阶段不同，企业的战略目标、未来规划也是不一样的，这直接导致了股权激励模式、激励对象选择的差别。如果忽视企业自身的发展状况，选错模式或激励对象，效果就可能大打折扣，甚至是适得其反。因此，企业要根据不同的成长

阶段，选择适合的激励模式和激励对象。

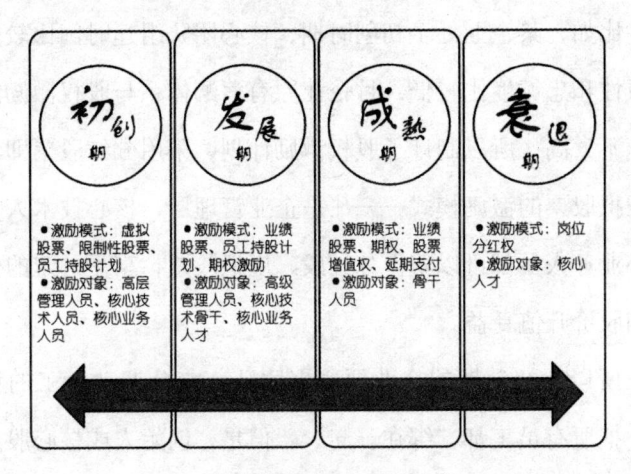

初创期	发展期	成熟期	衰退期
●激励模式：虚拟股票、限制性股票、员工持股计划 ●激励对象：高层管理人员、核心技术人员、核心业务人员	●激励模式：业绩股票、员工持股计划、期权激励 ●激励对象：高级管理人员、核心技术骨干、核心业务人才	●激励模式：业绩股票、期权、股票增值权、延期支付 ●激励对象：骨干人员	●激励模式：岗位分红权 ●激励对象：核心人才

不同阶段企业的不同选择

1. 企业初创期时激励模式和激励对象的选择

在初创期，企业的主要目标是生存下去，无论是新产品还是新技术都需要适应市场，并在市场上站住脚跟。这一时期，绝大部分企业的资金匮乏，也缺乏稳定、优秀的人才，其治理结构不完善。企业想要得到良性发展并扩大规模，就需要留住核心人才，让所有人看到企业未来发展的潜力。

基于此，企业可以采用虚拟股票、限制性股票、员工持股计划等激励模式，激励对象范围应该为高层管理人员、核心技术人员、核心业务人员等。比如，可以采用干股的方式吸引这些核心人才，技术偏重的企业可以采取技术入股的方式。不过，这类股份没有投票权和表决权，只能分红。再如，对于善于运营、有客户资源的管理者，可以采取身股的方式，在不影响创始人控制权、经营权的前提下,以合伙人的身份入股。

比如,某企业处于初创时期,核心团队组建时间比较短,积极性和忠诚度比较低,且企业原有薪酬体系与股权激励的匹配度不太高,所以制订了股权激励计划,采用分红股票即干股和虚拟股票的激励模式——凡是企业管理层、核心技术人员、核心业务人员都可以获得分红股、虚拟股票,享受一定的分红权和股价升值受益。

所以,初创期的企业要凝聚团队,充分调动员工的积极性,把所有员工都"绑在一起"。但是,创始人或核心股东不能忽视自身的控制权,也不能只给员工"画大饼"。

2. 企业发展期时激励模式和激励对象的选择

当企业稍有规模,业绩得到了提升并处于快速发展的时期,企业需要设置一些职能部门来完善自身的内部管理,形成自上至下的高效管理模式。于是,企业需要加大股权激励力度,避免员工出现懈怠情绪,防止发生各部门权责不分明、互相推诿责任等现象。

此时,企业可以采用业绩股票、员工持股计划、期权激励等激励模式,重点激励高级管理人员、核心技术骨干、核心业务人才等。只有在企业内部形成完善的激励机制和管理机制,企业的整体运营效率才能不断提高,关键人才才能与企业形成利益共同体,进而促使企业更快速、稳定地发展。

3. 企业成熟期时激励模式和激励对象的选择

企业进入成熟期后，客户群稳定，业绩稳定，且有了足够的品牌优势和市场占有率。但是，随着竞争对手的不断出现，企业的市场增长值缓慢下来，生产能力过剩。这时候，降低成本和研发新产品就成为企业的重要目标和任务。

因此，企业需要采取业绩股票、期权、股票增值权、延期支付等激励模式，重点激励骨干人员，激发这些员工的创新性和创造性，且吸引新的技术人员。同时，企业还要考虑激励模式不能加大自己的负担，如可以采用将奖励性薪酬予以延期支付的方式，减少现金流的压力。

比如，三棵树涂料有限公司在2017年进入发展的快车道，公司产能持续扩张，市场占有率得到提升，净利润持续增长。同时，管理者对于公司未来的发展充满信心，预计三年间净利润增长率不低于30%、69%、120%。于是，公司开始推出限制性股票激励计划，首次授予限制性股票数量283.63万股，占当前总股本的2.84%。

其激励对象包括公司董事、高级管理人员、中层管理人员及核心技术人员，其中授予高级管理人员限制性股票数量只占本次授予股票总数的6.64%，而授予中层管理人员、核心技术人员的股票比例则高达79.30%，其他14.06%为预留部分。这样一来，股权激励计划更有利于吸引核心人才留在公司，提升员工的积极性和主动性，确保公司能高效地完成未来发展战略和经营目标。

4. 企业衰退期时激励模式和激励对象的选择

企业进入衰退期时，其销售业绩下降，市场份额减少，生产能力严重过剩，甚至会出现亏损的情况。这个时期，企业将面临人才流出的局面，尤其是核心人才为了保证自己的利益和价值而选择离职。所以，企业必须想办法留住核心人员，可以采用岗位分红权的股权激励模式，最大限度地吸引员工留下来。

▶ 干股激励——干股不是想要就有的

股权激励的作用，简单来说有四点：融人才、融资金、融资源、融上下游渠道。而干股激励，是融人才最有效、最有吸引力的方式。

干股激励，就是员工不出资，但被公司无偿赠予一定股份享受分红。一般来说，分为技术干股、管理干股、信息干股、员工干股等，它具有以下几个特点：

第一，通过协议取得一定股份，不需要出资金。

第二，激励对象持有干股股份不是真正意义上的股东，只获得分红权，没有其他权利。

第三，干股持有人只是股东名册中的股东，而不是隐名股东或被代持股东。

第四，激励对象持有的干股一般是不能转让的，具有较强的人身依附性。

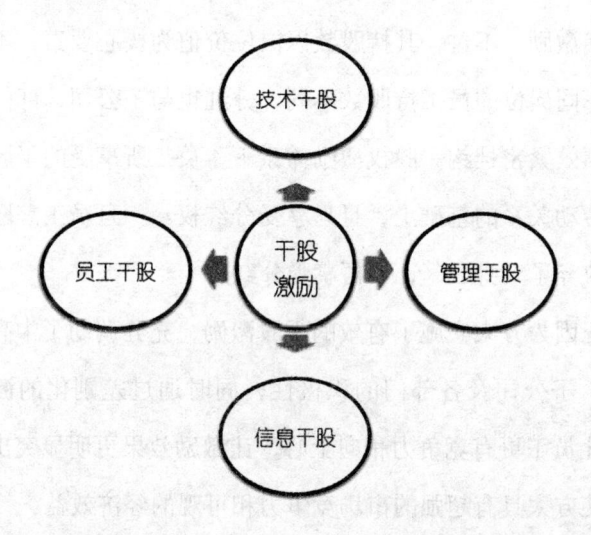

```
        技术干股
          ↑
员工干股 ← 干股激励 → 管理干股
          ↓
        信息干股
```

这种激励方式更适合处于初级阶段的创业公司。此时，公司的规章制度不算健全，未来的盈利情况不明，为了调动员工的积极性和能动性，会对技术骨干、核心管理者进行干股激励。这些人获得了干股之后，会更加具有主人翁心态，更关注公司的整体利益和未来发展。

方太是干股制的特别例子。方太成立于1996年，始终专注于厨具领域的研发与销售。

从2010年5月开始，方太董事长茅忠群推行"身股制"，即只要是工作满两年的员工就可以享受公司上年度净利润总额约 5% 比例的分红。一开始，"身股制"只是在该公司总部推行，后来则开始在各个事业部及驻外分公司推行，上至管理高层下至底层员工都可以享受这个计划，实现了全员覆盖。

这种激励方案，实际上就是干股激励，目的是对员工进行中长期激励。不过，其持股数以岗位价值为核心要素，不同性质、不同岗位的员工持股数不同，分红也与子公司、部门及员工的绩效紧密挂钩。股权激励体系下，员工所享受的干股是建立在劳动关系的基础上，且只享受分红权。一旦员工辞职，就等于放弃了"身股"，不再享受分红。

正因为方太实施了有效的干股激励，充分调动了中高层管理者、子公司及各部门的积极性，同时通过差别化的激励方式，让员工更有竞争力和向上心，让激励效果更明显突出，进而促使方太具有超强的市场竞争力和可观的经济效益。

但是，干股不是企业想给就能给的，也不是员工想要就有的。企业想要进行干股激励，需要考虑诸多因素。

第一，必须以企业战略为导向。如果企业战略目标清晰，有利润可供激励，才能实施干股激励计划。若是企业战略目标不清晰，就算激励了也得不到很好的效果。

第二，企业与员工要相互信任，对彼此有信心，有共同的目标，可以为追求共同利益而不懈努力。这样一来，干股激励才能有效实施，且能提高成功率。

第三，企业要处理好股东与股东的关系、股东与员工的关系及公司与客户的关系。只有股东之间达成共识，股东与员工上下一心，且与客户形成良好的合作关系，干股激励才能促使各方实现共赢。

第四，企业还需要考虑自身的股权架构、发展阶段、战略规划、盈利模式、人才梯队、薪酬体系及财务状况等要素。只有具备全局思维，制订出合理合法的干股激励计划，才能实现预定目标。

另外，干股也不是员工想要就有的。就是说，干股激励的对象是有条件限制的，可以是企业中高层管理者、核心技术人才、元老级员工等。干股所指向的股东身份也是特定的，企业创始人可以确定某人享有一定数量的干股股权，或是在控股股东和激励对象之间签订股权赠与协议。

干股持股人只需与企业签订协议即可，不必向工商部门登记。根据合同法有关规定，这种赠与行为随时可以被企业撤销，所以他们没有股东的地位，收益也不受法律保护。这也是干股的一个缺点。

第五章

合伙人制：
企业未来的发展趋势

▶ 合伙创业：相关重大事件需提前约定

古话说"众人拾柴火焰高"，创业亦是如此，一个人单打独斗很难成事，合伙创业能增加成功的概率。所以，很多创业者选择合伙创业，并且认为这是一拍即合的事情——找到关系好、有能力的人，就可以共同干大事。

可是，合伙创业并不只是一拍即合的事。如果合伙人之间没有一定的认同感，无法达成统一的目标，合伙行为很难顺利实现，创业成功则更难。

比如，某公司由4个合伙人共同创立，他们都在公司里担任要职，大股东A任总经理，其他股东B、C、D分别任财务主管、销售主管和项目策划与扩展主管。经过几个人的共同努力，公司得到快速发展，业绩非常好。

可随之而来的是，合伙人之间的分歧和矛盾逐渐凸显出来。大股东A作风强硬，非要插手财务和销售等事宜，引起股东B、C的不满，导致公司权责不分明、管理混乱。

同时，几个人在公司发展战略上也存在分歧。大股东A主张积极扩张，趁着市场行情大好、公司口碑上升的风头抢占省外市场，并且积极寻求风投资金。股东 B 却主张稳扎稳打，追求产品的品质和服务质量，不急于扩张与融资。为此，两人多次在会上争吵，其他合伙人也无法调和其矛盾，最后股东 B 决定撤资，导致公司元气大伤而错失发展的大好机会。之后，因为资金短缺，股东架构不合理，公司未能获得投资，也没有再找到合适的合伙人，最终创业失败。

可见，合伙创业，"合"的并不只是金钱，而是价值观、经营管理理念、格局及规则的综合体。

价值观 + 经营管理理念 + 格局 + 规则 → 合伙创业

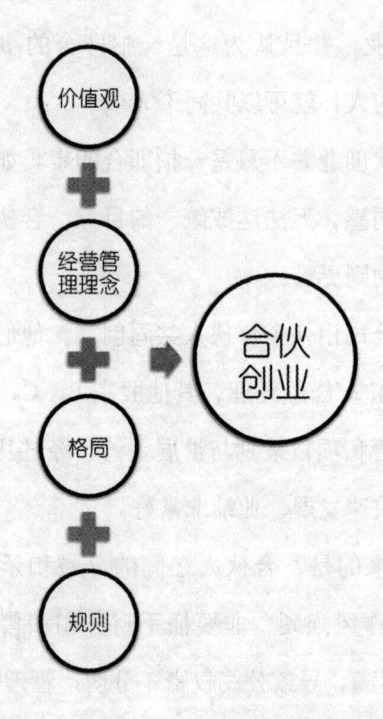

1. 价值观

著名天使投资人徐小平说："找合伙人，其实比找对象还难。你跟合伙人在一起的时间，往往比跟配偶在一起的时间还长，这么重要的人，你只能在工作和生活中'碰到'，而不可能'找到'。"所以，价值观契合是合伙创业的基本要求。

价值观，决定了人们的工作动力、职业愿景、是否为梦想而努力、工作标准、想要成就什么样的事业等。如果合伙人之间的价值观不匹配，你认为这是对的，他却认为是错的，就很容易散伙。

这一点，我们之后会详细介绍，这里不再赘述。

2. 经营管理理念

对于一家企业来说，经营管理理念非常重要，它是企业的经营哲学、经营观念和行为规范，是企业经营行为的宗旨。只有经营管理理念明确、精确、始终如一，它才能在合伙人中发挥最大的效能。

如果合伙人的经营管理理念不同，一个合伙人追求不停创新、冒险，一个合伙人却讲究稳扎稳打，一个合伙人认可用户至上，一个合伙人却关注自己的产品，这样的合伙就很难成功。比如，孙成钢与弟弟、弟妹合伙创立了山东神光钟英证券咨询公司，孙成钢持股50%，弟弟及其妻子持股50%。创业期过后，孙成钢主张公司多元化发展，但是弟弟却坚持精耕细作，他们在经营理念上产生了分歧，最后引发股权争夺大战，孙成钢还与弟弟对簿公堂。结果，孙成钢用1320万收购了弟弟所持的50%股权，这才算"解决"了问题。

3. 格局

格局，是指对于一件事的认知以及眼光所能看到的范围。合伙人有相同的格局，一定范围内对事物认知的程度保持一致，且具有同样长远的眼光、战略思维，就可以带领企业走得更远。相反，他们就会互相掣肘，无法在合作上相得益彰，也无法促使企业有更好的发展。

如果合伙人的格局比较小，只关注眼前利益，没有统筹全局的能力、着眼未来的眼光、敢于冒险的魄力，甚至排挤有才华的合伙人，那么他们离失败就不远了。无论是阿里巴巴、京东、腾讯还是联想，公司中的任何合伙人若没有大格局观，不是被淘汰和抛弃，就是阻碍了公司的可持续发展。

4. 规则

合伙创业最忌讳讲交情、人情和忽视规则。没有规则，或不把规则写进合作协议，最后只能落得两败俱伤。

比如，随着直播和短视频行业的兴起，一些美食类博主也火起来，赢得了无数粉丝的追捧，也拿到了超额红利。于是，越来越多的短视频公司兴起，打造出很多"网红"博主、大IP。一些公司与博主采取了合伙方式，共同经营，共同分配利益。

然而，随着直播IP越来越火爆，商业化越来越强，合伙人之间就出现了问题。公司认为IP是公司的产物，是公司费心费力打造出来的；而博主则认为IP是靠自己努力才打造出来这么大的流量,应该归自己所有。

合伙创业时,公司与博主并未对相关权利与义务、分红规则、退出规则等做出提前约定,或只是口头约定,于是矛盾就出来了。

博主B与某直播公司创始人A共同打造出一个大IP,约定了利润分成。但是好景不长,两人因利润分配不均发生了矛盾,博主B自立门户,还带走了整个团队。这导致两人对簿公堂。

法庭上,两人各执一词:直播公司老板A指出自己是IP创始人,且商务、运营、日常管理都是自己负责,博主B只是负责出镜和内容创作,最后破坏了合伙创业的初衷,是不仁不义。博主B却说两人虽是合伙,但是A想要控制他和IP,同时还违背了一些协议原则,自己只是正常退出。

因为两人并未签订合伙协议,且一些重大事件也是口头协议,这就成了"罗生门"。公说公有理,婆说婆有理,他们只能靠诉讼来解决相关问题。

所以,合伙创业需要约定企业的战略方向,合伙人之间达成共识,之后为了实现共同的目标而努力。合伙人之间还需要约定公司的决策机制,遇到重大决定时,是集体决策还是个人决策,以及如何表决等。

同时,合伙创业必须提前约定好合伙人的权利与义务、分红规则、退出规则,明确权责、利益分配方式,从而避免出现严重分歧。就算出现了分歧，他们也可以根据事前约定的规则来解决，避免个人和公司的利益受损。

▶ 企业为什么需要合伙人制

现在，我们已经步入了合伙创业的时代，合伙创业似乎成为当下创业的必然选择。著名投资人徐小平说："合伙人的重要性超过了商业模式和行业选择，比你是否处于风口上更重要。"360集团董事长周鸿祎也说："好的合伙人，会比老婆更懂你。"那么，企业为什么需要合伙人制？合伙人制的优势在哪里？

简单来说，合伙人制可以成功应对人才的流失。因为，随着知识经济和互联网的高速发展，一些企业的治理结构和人才机制已经在吸引人才、激励经营这方面力不从心，原有的薪酬制度对于人才的吸引力越来越小，只有把核心人才发展成合伙人，寻找更优秀的技术人才并吸收他们成为合伙人，企业才能实现新的突破。

同时，与经理人、普通高级管理人员相比，合伙人更认同企业的核心价值观，更能保障企业核心价值观的传承。

现实生活中，柯达、诺基亚等著名企业之所以衰落，是因为它们原有的核心价值观丧失了，没有得到管理层和员工的继承与发扬。联想、美的、海尔等企业之所以能持续发展，是因为这些企业不断吸引新的合伙人，激励合伙人和所有员工都认同并传承其核心价值观。

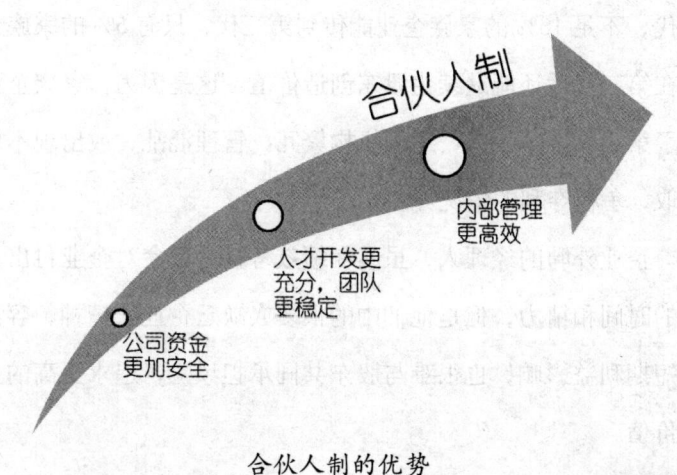

合伙人制

公司资金
更加安全

人才开发更
充分，团队
更稳定

内部管理
更高效

合伙人制的优势

合伙人制的优势，主要有以下表现：

1. 公司资金更加安全

初创公司中，资金是最重要的。如果公司的资金短缺，营销管理经验不足，人员流动较大，很容易出现外聘人员离职的情况。

若实施合伙人制，就可以把合伙人的个人利益和公司利益紧密结合在一起，很大程度提高了资金的安全性，降低了人才流失的可能性。

换句话说，合伙人制下，人资关系更加紧密，经营者拥有分享剩余价值的权利。这样一来，他们更愿意承担风险，积极做出好的决策来保障个人和公司的利益。

麦肯锡公司曾经公布了一份研究报告，指出全球家族企业的平均寿命只有24年，其中大约30%的家族企业能传到第二代，不足13%的家族企业能传到第三代，只有5%的家族企业在第三代后还能继续为股东创造价值。这是因为，家族企业到了第二代、第三代，组织机构繁冗、管理混乱，或出现不思进取、争权夺利的情况。

企业外聘的经理人，虽然在绩效考核之下会对企业付出大量的时间和精力，但是他们中的很多人缺乏企业家精神，容易被短期利益影响，也很难与股东共同承担风险、追求更高的企业价值。

合伙人就不一样了，他们和股东的利益深度捆绑在一起，认同企业文化、价值观，且具有企业家精神，因此可以带领企业更快、更健康地发展。

2. 人才开发更充分，团队更稳定

企业拥有多少优秀人才，关系到它未来的发展。同样，企业能否让这些优秀人才发挥潜力和价值，使其更有动力地去创造更多的经济效益和企业价值，也关系到企业的未来发展。

合伙人制下，企业的团队工作更稳定、高效，因为合伙人一般志同道合，沟通起来更简单有效。他们相互之间合作愉快,且能出色地完成任务——技术型人才具备团队所需的专业技能;决策型人才可以发现机遇、抓住机遇,理智地做出选择;管理型人才则善于统筹、协调人际关系,善于发现问题、解决冲突。在合理搭配下,合伙人能发挥团队的最大潜能,实现"1+1+1+1＞4,甚至＞5"的效果。

3. 内部管理更高效

合伙人制下,公司组织更扁平,人际关系更简单、平等,不仅减少了管理成本,还使得内部管理更高效。

合伙创业时,合伙人要建立一套科学、实用的规章制度,确定好组织结构,其内部分工则会变得明确、简单。只要合伙人按照分工做事,就可以强化工作的专业化能力,提高工作效率。同时,合伙人可以适当放权,增加管理人员的责任心、积极性,让内部协作沟通更高效。

比如华帝燃具。1992年,邓新华和黄文枝、潘权枝等7人合伙创立了中山华帝燃具有限公司。在股权分配上,7人各持有10%的股份,其余的30%由村集体持股。

华帝燃具成立初期,他们遵循"各尽所能,各取所长"的基本原则进行了简单分工,有人负责营销,有人负责管理,有人负责财务,各司其职。在公司内部,他们实行民主集中制,如遇到重大决策,7人中有4人赞成即算通过。

20多年来,华帝燃具的内部管理制度不断完善,始终坚持决策上的少数服从多数,杜绝个人独裁,杜绝亲属进入公司高层。经过发展,公司没有出现过争权夺利、培植个人势力的情况。因此,华帝燃具成绩斐然,目前已经成为中国厨卫的三巨头之一。

除此之外,合伙人制更适应市场变化,有助于企业建立资源、人才、市场协调发展的生态圈,越来越依靠企业文化和创新机制来实现企业的可持续发展。

▶ 管理去中心化,构建更多元的合伙关系

什么是去中心化?

众所周知,在一个分布着众多节点的系统中,节点之间可以自由连接,任何一个节点都可能成为中心。去中心化是指去掉中心点,分散原本中心的权力,通过网络形成非线性的因果关系,构建一种网状的、扁平化的、平等的系统结构。

在中心化管理模式中,整体组织呈现金字塔形结构,所有人服从权力中心的指示,从执行董事到总经理、高层管理者、中层管理者再到员工,一层层地管理和落实,简单来说就是中央集权式管理。

去中心化管理模式中,它不是以一个权威人物为中心,而

是控制权分散在多个中心团队。这种组织结构呈现扁平化状态，管理也相对开放，构建形成多元的、协同的、平等的合伙关系。在这种模式中，组织呈放射线结构，围绕一个灵魂人物（企业领导者或创始人）聚集，然后每个节点又自由连接不同的资源，独立开展活动。

比如，优步采用的是"三人模式"，即分公司进入一个新城市时只有三名工作人员：一个人是市场经理，负责营销，与媒体和客户建立关系；一个人是运营经理，负责招募和管理司机；一个人是管理者，负责管理其他相关事务。

优步崇尚去中心化的管理模式，它借助互联网实施扁平化管理，打造了一个拥有独特组织架构的运营体系。优步进入中国市场后没有中国区 CEO，也没有中国区负责人，每个团队都独立做事，了解自己所在城市的业务，把自己的业务做好就可以了。

又如万科，它也通过去中心化管理方式建立了具有特色的组织架构。在合伙人制度的牵引下，原万科总裁郁亮开始推行全方位、多层次的组织变革，下放权力，分配给按照区域划分的五大事业部，推动组织结构朝向扁平化发展，充分调动了企业内部的协同效率。

当然，去中心化管理并不是没有领导者，而是领导者在各方面资源的掌控度、管理模式上有所不同。独立团队、合伙人承担的责任更多，他们可以独立管理团队，更好地完成项目。

实际上，海尔的"人单合一"、联想鼓励员工做"发动机"、海底捞的"员工授权免单"等，都属于去中心化管理模式——公司的管理不再是以管理者为中心，而是以小团队、自由组织或是员工为中心。

当然，去中心化管理模式也有一定的限度，否则会导致组织管理松散、效率低下。以团队来说，很多事情的管理与协同需要团队成员将问题和需求提交给项目经理，项目经理再提交给团队领导，然后团队领导根据实际情况进行分配、管理。如果项目经理能够独立处理这些问题和需求，就可以减少沟通环节和次数，提高工作效率，降低成本。

如果是完全的去中心化管理，缺乏团队领导这个中心点，团队成员之间沟通随意，虽然能让彼此的沟通更快捷，但也会出现大量重复无效的沟通，还可能因为缺乏约束、管理混乱而让团队出现的问题越来越多。

因此，企业想要做大做强，需要采用相对开放的扁平化管理模式，也需要将中心化管理和去中心化管理相结合，适当平衡二者的关系，如此才能发挥团队的最大效能，促进企业迅速健康地发展。

▶ 把企业做成平台，每个员工都成为创业者

现实生活中，有很多的合伙人落地机制，相对而言，把企业做成平台，重构人才与组织的关系是不错的选择。

之前，只要有优质的产品与好的渠道，就可以让企业有较大的竞争力。但是，随着互联网的崛起，时间、效率变得越来越重要。

传统的企业组织结构复杂，信息不对称，协作不高效，但是现在的企业组织结构更偏向扁平化，企业直接打散了组织结构，让人人成为经营者，这样掌握信息更全面，办事效率更高，业绩自然更突出。

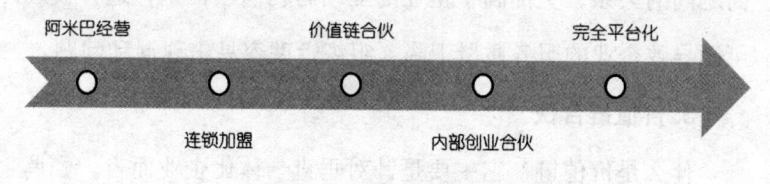

阿米巴经营　　价值链合伙　　完全平台化
　　　　连锁加盟　　内部创业合伙

把企业做成平台的方式

这就是把企业做成平台，通过平台化＋自主经营的模式，力图将企业建成符合互联网时代发展的团队，区分终端业务和

过程业务。也就是说，谁掌握了核心资源，谁就可以发挥个人资源优势、能力优势，最终拿到业绩和收获利润。

把企业做成平台，主要有以下几种方式：

1. 阿米巴经营

这是由京瓷公司提出的经营理念，他们把公司当成由一个个"阿米巴小组"构成的组织。阿米巴是公司最小的基层组织，可以是一个部门、一条生产线、一个班组，每个阿米巴都独立核算，就像一个小经营体一样可以自主制订经营计划，实行绩效管理、会计核算。而且，每个阿米巴都可以随意分拆和组合，每个员工都可以成为经营者，以便能快速适应市场的变化，实现业绩迅速提升。

2. 连锁加盟

这是当下很多企业普遍采取的商业运营模式，包括特许加盟、自由连锁等形式。每家连锁店、加盟店都独立经营、独立核算，扩大了企业的边界，拉近了与上游供应商和下游经销商之间的关系，更提高了企业的业绩与利润。但是，这种模式可能导致企业的服务质量下降，组织管理容易出现混乱问题。

3. 价值链合伙

什么是价值链？它主要是针对垂直一体化企业而言，强调单个企业的竞争优势。在经济活动中，价值链无处不在，上下游企业之间、企业内部各部门之间、部门内各业务单元之间，都存在着价值链。

就是说，企业价值的创造是通过一系列活动实现的，它包括采购、生产、销售、服务、技术开发等。价值链上的每一项价值活动，都会对企业实现的价值产生影响。价值链合伙人，就是把合伙模式延伸到价值链环节，打通产业价值链。

比如，温氏食品集团采用"公司+农户"的模式，依靠公司平台，低成本掌控价值链，使得公司、农户、员工都获得了价值。从本质上说，农户和公司就是合伙关系，农户是事业合伙人，借助平台来创业和发展，而公司为他们提供福利，实现多方面的共赢。

4. 内部创业合伙

内部创业合伙模式是指激励公司内的团队裂变，各个团队自行创业，公司提供平台、系统开发、硬件设施，团队负责开拓市场、接洽业务、创造价值。

比如，西贝餐饮实施"创业分部+赛场制"，就是激励公司的分部、分部各团队进行内部创业，以大拆小，创造新的开店模式。在这样的机制下，门店开发由总部负责，财务由门店自控，分部独立招聘与培训员工，但有对应的总公司培训体系。公司会按照季度进行比赛和排名，包括A+、A、B、C四个排名，获得4个A才能换一张牌照，拿到的A越多，团队就越大，开的分店会越来越多。

这样做，可能导致各门店的规模有大有小，但是其内部不断创新业务并孵化，每个创业团队都是公司合伙人，同一区域的不同团队积极扩张业务。通过良性竞争，使得团队和公司的营业额不断攀升，公司和合伙人所获利润也越来越多。

5. 完全平台化

平台化，就是指公司完全实现开放与创新，整体结构完全扁平化，变成动态的网状组织。平台化的本质，是使本企业或本行业的产业链从纵向变成横向，建立一种协同生产的机制。

比如，海尔采用的是"人单合一"的模式。人是员工，单是客户，把企业目标分解到各个订单，再把订单所承载的责任以订单的形式下放给员工，由员工直接对接订单，然后管理部门通过订单的完成情况对员工进行绩效考核。

这样，海尔便将员工变成2000多个自主经营体，承接企业的战略目标，有着明确的客户价值主张，可以端到端、全流程地满足用户需求，并与合作方、交互用户共同创造价值，承担风险。

又如，苹果是一家高科技公司，同时也是一个相对开放的大平台。从硬件上说，其产品是由全球200多家工厂共同生产出来的；从软件上说，系统中的各种APP是全球开发者设计出来的。苹果与这些工厂、设计者形成利益共同体，利用这个大平台创造价值，实现1+1＞2的综合效应。

▶ 想要企业迅猛发展，找对运营合伙人

对于初期创业公司来说，除了资金、技术、管理之外，运营也是非常重要的。产品再好，没有好的策划与运营团队，不被市场接受，企业也无法良性发展下去。因此，合伙创业的时候，想要企业迅猛发展，必须找个优秀的运营合伙人。

优秀的运营合伙人，需要具备如下特征：

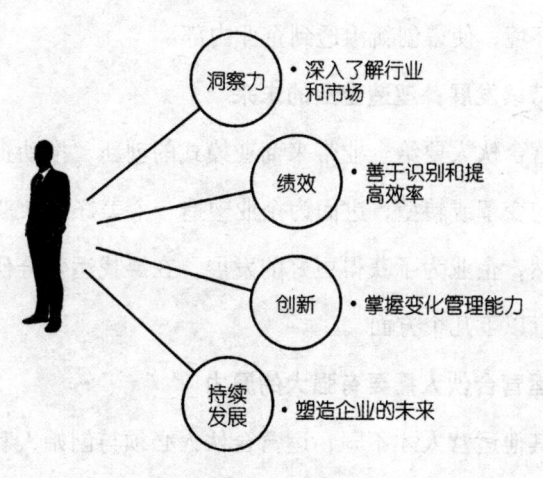

- 洞察力 • 深入了解行业和市场
- 绩效 • 善于识别和提高效率
- 创新 • 掌握变化管理能力
- 持续发展 • 塑造企业的未来

优秀运营合伙人的特征

1. 洞察力：深入了解行业和市场

运营合伙人必须掌握行业供应链的各种信息，以及影响价

格、质量、可获得性等的关键因素，充分了解和掌握客户与市场信息。

2. 绩效：善于识别和提高效率

想要在激烈的竞争环境中生存，运营合伙人必须善于识别和提高效率，参与并负责企业及整个供应链等工作。安盛集团首席运营官威尔曾说："实现目标的关键是效率，但同时又要以客户为中心。以横向的眼光看待各项职能，能让我得以推动效率的进程。"

3. 创新：掌握变化管理能力

无论是应对市场竞争、金融危机还是技术发展趋势，运营合伙人都必须致力于创新，致力于最佳的战略计划以适应不断变化的环境，使得创新渗透到企业内部。

4. 持续发展：塑造企业的未来

运营合伙人要给企业带来商业模式的创新，推动企业在关键时刻的变革或转型，进而为企业塑造一个美好的未来。

当然，企业为了获得更好的发展，在寻找运营合伙人时还需要注意以下几个方面：

1. 运营合伙人需要有强大的愿力

与其他运营人才不同，运营合伙人必须与创始人有共同的价值观、战略目标，必须有强大的愿力，如此才能更好地为实现企业的战略目标而努力。运营合伙人要对产品有足够的信心，把产品当作自己的"孩子"，坚信能够让这个"孩子"更出色，这样才能让企业获得市场认可且得到很好的发展。

2. 知道企业的运营主场在哪里

优秀的运营合伙人必须知道企业的运营主场在哪里，是主攻一线城市还是占领二、三线城市，是吸引年轻人的目光还是博得有品位、有实力的客户的青睐。找到运营主场，促使用户成倍数持续增长，企业才能快速稳健地发展。

3. 运营理念必须与产品需求保持一致

企业的运营理念必须与产品需求保持一致，通过合伙人把运营理念融入产品的需求之中，否则就会产生水土不服的情况——就算运营理念再新颖，产品跟不上就没有任何意义。

可以说，企业有了出色的运营合伙人，才算是有了完整的企业合伙架构和美好的发展前景，比如柳青之于滴滴出行。

2012年，程维和王刚合伙创立了滴滴打车，之后积极寻找资金和技术合伙人。很快，他们找到金沙江创投合伙人朱啸虎，双方一拍即合，滴滴完成了第一轮融资。他们还找到了百度的研发经理张博作为技术合伙人，虽然过程有一些挫折和不顺利，但总算是弥补了技术上的短板。

资金和技术都到位后，滴滴开始向北京市场进军。当时，该公司在行业领域并不是起步最早的，已有一家竞争对手摇摇车在做。针对竞争对手，滴滴做出不做加价、不做账户、不做硬件等决定。

虽然北京的市场很大，但是竞争对手的实力也不容小觑，想要抢占市场并不是一件简单的事情。因为摇摇车推出得比较早，融资也比较顺利，经过一番推广和运营很快就抢占了很多资源。除此之外，滴滴在上海也遇到了比较强劲的竞争对手快的、大黄蜂，三家公司的市场占有率相差不多。

面对这样激烈的竞争，滴滴推出了补贴政策——对客户和用户进行补贴。但是，价格战这个策略并不是长久之计，程维和王刚知道：如果找不到更好的运营方式，公司就可能在竞争中败下阵来，甚至会在市场上消失。所以，他们急于找到更好的运营人员。

王刚说："一定要持续地寻找更有能力的人，最初你们都是带一帮一线人员打仗，很快你带的将是经理、总监、副总裁打仗。看你的领导力水平，最核心的是看你能领导谁，谁愿意跟着你干。"最终，他们找到了柳青。

程维和柳青接触了十多天，每天谈话超过十几个小时，最后终于说服了她加入滴滴，成为运营合伙人。

程维是草根出身，做过底层销售，对于市场有非常敏锐的判断力，且具有很强的执行力。柳青出身名门，人脉广，具有国际视野和资本运作能力，"本土＋海归"的组合很快发挥了优势。果然，柳青加入后，他们将滴滴运营成包含专车、快车、顺风车、租车等多条业务为一体的一站式平台。

柳青发挥自己在资本领域的优势，为滴滴融资将近 7 亿美元。随后，滴滴不再与快的对抗，而是握手言和，并完成滴滴与快的的战略合并。

几年后,滴滴与招商银行达成战略合作,双方在资本、绑卡支付、金融、服务和市场营销等方面展开全面合作。同年,柳青主导滴滴收购 Uber 中国,使其成为行业内的领军者。

由此可见,运营合伙人对于企业的发展来说是至关重要的。

▶ **股权顶层布局:合伙人股权需要合理安排**

合伙人的股权如何分配,始终是个无法绕开的话题。无论有几个合伙人,无论采用什么样的合伙形式,都需要合理地分配股权。

对于处在创业初期的公司来说,设计股份分配时应该考虑以下两个问题:一是如何利用合理的股权架构,来保障创始人对公司的控制权;二是如何通过股权分配为公司寻找更有价值的资源,包括有实力的合伙人和投资者。

一般来说,创业初期的公司股权分配比较简单,结构单一,合伙人按照出资比例获取相应的股权就可以了。当然,合伙人可以用资金出资,也可以用实物、知识产权、技术、土地使用权来出资。后者的这些出资方式需要进行评估，由全体合伙人共同商议其所占股权比重，也可以由专业评估机构来评估。

也就是说，除了出钱外，还需要考虑人力资本，尤其是互联网创业公司更需要重视人力资本的价值。如果某个合伙人对公司未来的发展贡献非常大，人力贡献超过出资贡献，其所占股权比重也应该加大。比如，某合伙人掌握核心技术，直接关系到公司的竞争力和未来发展力，就需要分配更多的股权。

总的来说，资源驱动型公司，掌握资源的合伙人占大股；资金驱动型公司，如风投机构，投入资金多的合伙人占大股；人力驱动型公司，掌握人力资本的股东占大股。

合伙人分配股权，保持对公司的控制权是我们一再强调的重点。创始人始终是公司的灵魂人物，牢牢地把握控制权才能带领公司往前走。除此之外，企业还需要注意以下几个问题：

1. 人才比钱财更重要

几个合伙人一起创业，都是为了实现自己的创业梦想。这个过程中，只有相互信任、志同道合才能走得更远，创造更辉煌的事业。若是合伙人之间面合心不合，内部矛盾不断，那就离散伙不远了，公司发展也会困难重重。

比如A站，即成立于2007年6月的AcFun弹幕视频网，9年中就经历了多次高层动荡。公司成立三年后，创始人Xinlin把A站卖给陈少杰，陈少杰计划把它改成游戏视频网站并引入直播，这引起投资者的不满，使得公司内部矛盾不断。之后，陈少杰把A站卖给后来的掌权者杨鑫淼。

四年后，奥飞动漫投资A站，之后却遭到优酷土豆侵权的起诉，不仅导致三名高管被审查，还导致众多核心人才离职。后来，优酷土豆、软银中国先后投资A站，导致A站CEO频繁变动。

A站高层之所以频频换血，就是因为合伙人（投资者）之间矛盾重重，几方力量为了利益和权力而博弈。可以说，外部资本的介入，不仅没有给A站带来更多的资源和发展机会，反而导致其内耗不断，发展阻碍重重。因此，对于合伙制企业来说，人才比资金更重要。

2. 合伙人一定要出资

合伙人之间不仅要志同道合、相互合作，还需要共担风险。想要共担风险，就需要出资。不出资，公司遇到风险，比如投资失败或是遭遇经济危机，合伙人就谈不上共同承担风险了。这时候，个别合伙人看自己退出也没有什么损失，就会擅自退出，或是感觉自己没有什么损失而不愿拼尽全力。这样一来，公司就会遭遇更大的损失，甚至会瞬间倒闭。

3. 股权结构必须简单明晰

投资人投资一家公司，实际上就是投人。所以，投资界有一种说法："团队第一，项目第二。"如果项目很好，但是团队不和谐，股权结构不明晰，投资人也不愿意投资。比如，股权平均分配、一股独大或一人股东、股权结构过于分散，都是不合理的股权结构，会为之后的发展埋下隐患。

此外，我们还要注意家族企业的股份安排问题。事实上，很多家族企业的股权结构是不合理的。比如，让更多的家庭成员持有公司股份，导致股权过于分散，管理混乱，公司失去动力和生机。

所以，家族企业也需要集中安排股份，只有在公司任职或是担任管理职务的人员才能分配股权。此外，还要吸收新的股东，或是让外聘经理人代为管理部分股权，如此才能保障公司持续稳定地发展。

▶ 合伙人制和股权激励差别很大

在竞争异常激烈的当今社会，吸引和留住核心人才、提升行业竞争力成为企业的战略性问题。于是，很多企业为了能快速占领市场绞尽脑汁，采用合伙人制和股权激励等措施。在这种情况下，很多企业创始人或管理者认为实行股权激励就是在实行合伙人制。

事实上，这是一种错误的认知。二者虽然都是授予目标对象一定比例的股权,但是合伙人制不等于股权激励,它们有着本质的区别。

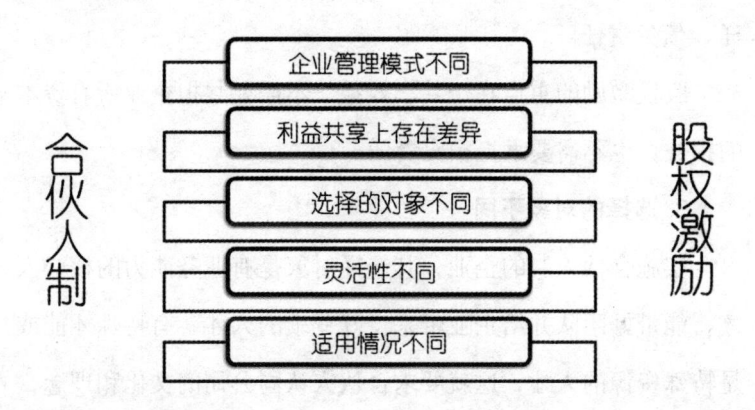

```
合伙人制                    股权激励
        ┌──────────────────┐
        │ 企业管理模式不同 │
        ├──────────────────┤
        │ 利益共享上存在差异 │
        ├──────────────────┤
        │   选择的对象不同   │
        ├──────────────────┤
        │    灵活性不同     │
        ├──────────────────┤
        │   适用情况不同    │
        └──────────────────┘
```

1. 企业管理模式不同

合伙人制是一种去中心化管理的经营模式,企业根据合伙人的出资、能力、资源等形成不同的合作股权比例,构建扁平化的组织架构。

合伙人制是一个组织关系的变革,形成了共创、共享、共担的新型组织关系,并遵循着"谁创造谁分享"的原则。总之,合伙人之间要利益共享、权责对等。

股权激励只是一种激励手段,仍要保持以企业领导人为中心的管理模式,企业的经营、控制本质并没有改变。员工获得股权并由打工者成为投资者,但是不参与企业的经营管理。

2. 利益共享上存在差异

合伙人制下,合伙人达成共识、共创价值、共担责任、共享利益,这是其基本的价值理念。但合伙人共享的不仅仅是利益，还有基于平台的信息与知识共享、资源与渠道共享。合伙人共同经营风险，发展责任风险，承担治理责任、绩效责任、债务责任。

股权激励的重点在于共享效益，不需要共担企业所有资本的损失，也不需要承担相应责任。

3. 选择的对象不同

实施合伙人制的企业，其选择对象是有业务能力的核心人才、能带好团队并给企业带来良好业绩的人才、有特殊才能或是特殊资源的人才，这就要求合伙人认同公司的文化和理念，与企业有共同的价值观。

另外，合伙人制企业选择的范围一般不会太大，会根据企业自身发展的情况严格限制其合伙人人数。

股权激励面向企业的高级管理人才、核心技术人员、能给企业创造更好业绩的潜力人才，还包括所有普通员工。

4. 灵活性不同

合伙人制比较灵活，适用范围比较广，可以采用事业合伙、股份合伙、业务合伙等形式。退出机制也相对灵活，合伙人中有人因故退出，只要根据合伙协议放弃股权主张即可。

股权激励模式有严格的程序和法律要求，企业必须进行资产评估、设置占股比例、确保利润公开等。激励对象的退出，也严格受到公司法和退出机制的约束。

比如，行权期内，经公司批准，激励对象可以选择将已确认的期权回转给公司，或是将已持有的股权按回购价格回转给指定的第三方。再如，如果激励对象不能胜任其岗位，其未确认的期权将被注销，已确认的期权及已支付的保证金由公司退回保证金本金及利息，已持有的股权应由原转让方以回购价格予以回购。

5. 适用情况不同

合伙人制和股权激励模式的优势不同，没有谁优谁劣的说法，企业可以根据自身的经营目标来确定是采用合伙人制还是股权激励模式。

如果企业的资金匮乏，现金流压力大，应该选择合伙人制，以便吸引更多的投资和优秀人才，增强企业的竞争力；如果企业已有较大规模，组织架构完善，但业务扩张和业绩增长速度放慢，就需要选择股权激励模式，吸引新的人才加入企业，激发原有人才的创造性和能动性。

当然，无论是实行合伙人制还是采取股权激励模式，企业的目的都是要吸引和留住人才，促进自身快速、持续地发展。不过，与股权激励相比，合伙人制有一些独特的优点。

1. 激励长短不同

合伙人制属于长期激励，能持续地激励合伙人，促使其从企业的长远角度思考问题、采取行动，与企业共同奋斗。股权激励属于短期激励，促使激励对象重视当前利益，往往会触发其短视思维。

2. 分享的利益不同

合伙人分享的是企业的增量价值，不分享股东的既得利益，所以他们更愿意努力做出成绩，提升所负责团队的价值。

3. 侧重点不同

合伙人制更侧重平衡责、权、利、风险，激发整个企业迸发出最强的战斗力，而不是像有些股权激励计划让员工感觉企业在为他们"画大饼"。只有员工成为权利的主体，成为企业的经营者，才更愿意对企业的未来负责。

第六章

合伙形式：
了解合伙形式方能搏共赢

▶ 事业合伙：以共同的事业为牵引

事业合伙，是合伙人制的主要形式之一。简单来说，是指人力资本成为企业创造价值的主导要素。

在与货币资本的合作与博弈中，人力资本具有更多剩余价值的索取权、经营决策的话语权。在事业合伙模式下，经理人的"打工者"概念被淡化，彼此之间建立了共识、共担、共创、共享的合伙理念，使得合伙人为了共同事业而奋斗。

事业合伙人制不仅是一种激励手段，也是一种企业成长与人才发展的长效机制，直接关系到企业战略的创新、公司治理结构的优化及组织与人的关系的重构。

一般来说，事业合伙分为两大类：

1. 项目跟投

公司拿出一个业务板块、产品、项目、区域等可独立核算的经营体，与参与该经营体运营的员工共同投资、共享利润、共担风险。

中梁地产就采用了独立核算和项目跟投制度。在激励过程中，区域分公司对区域内所有项目实行独立核算，费用超出部分由区域分公司承担，利润也由区域分公司分享。在项目跟投时，区域分公司要求核心管理层必须跟投，其他员工则自愿跟投。这样一来，团队活力被激发，员工积极性更高，促使中梁地产的业绩节节高升，迅速成为行业内的佼佼者。

2. 内部员工持股计划

公司不分业务、项目、区域，其虚拟股份对应整体盈利情况，全体合伙人出资认购公司整体的虚拟股份，并根据公司整体盈利情况进行分红、承担风险，如华为内部员工持股计划。

事业合伙是以共同的事业作为牵引，合伙人高度认同公司的价值观，并且力行公司的目标与原则。换句话说，事业合伙人有共同的理念、价值观，有共同的事业追求，并且为了追求这项事业愿意奋斗终生。

事业合伙人是共担、共享的合作伙伴，在公司的具体表现是获得股份或分红权，成为公司股东。在员工持股形式上，根据长期利益捆绑和短期股权激励的不同目的，可以分为持有公司股份和持有项目股份。前者是持股计划，后者是项目跟投。

事业合伙人制有三个主要特点：一是数据上移，信息对称；二是责任下沉，沉到各事务群、各项目本身及各独立经营体，并且权力下放，各经营体独立核算；三是利益共享。

事业合伙人制主要有四种模式：

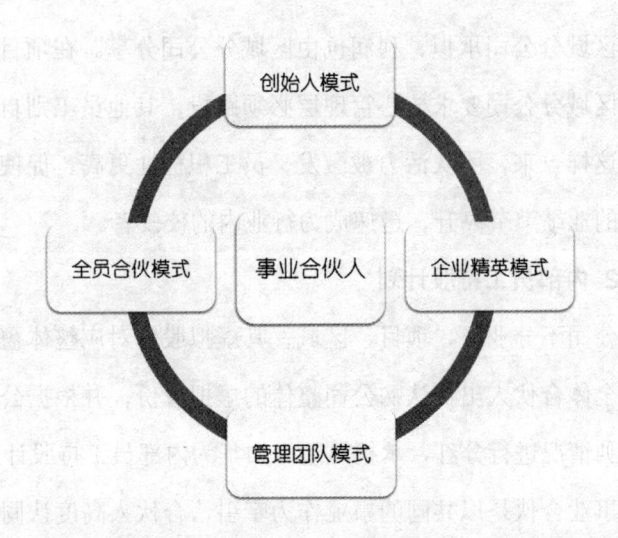

```
          创始人模式
             │
全员合伙模式 ─ 事业合伙人 ─ 企业精英模式
             │
          管理团队模式
```

1. 创始人模式

这里的创始人特指企业的创始人（大股东），比如小米，只有雷军等几位创始人属于合伙人。这种模式比较常见，创始人就是合伙人，且在公司内部不会提及或是刻意弱化合伙人的概念。

雷军认为未来创业的趋势就是合伙人制，这能打造一支卓越的创业团队。所以，创立小米时，雷军聚集了几位能够独当一面且都是志同道合的优秀人才。

为了聚集优秀人才，雷军在创业期间花了80%的精力和时间来找人，终于搭建成最佳的合伙人团队。其中，林斌当时是Google中国工程研究院副院长，黎万强是金山词霸总经理，黄江吉是微软中国工程院开发总监，周光平是摩托罗拉北京研发中心总工程师……

这几个人，平均年龄43岁，平均工作经验20年以上。他们在各自领域都做出了非常出色的成绩，且想干出一番伟大的事业，有创业者心态和奋斗精神。同时，他们认同公司的理念，看好公司的发展前景，愿意与雷军共担风险。所以，在几位联合创始人的努力下，小米成功了，且成为中国出色的创新型科技企业。

2. 企业精英模式

即合伙人由企业核心精英人才构成，对企业未来发展能发挥至关重要的作用。合伙人团队中有各业务板块的核心高管，有负责技术的，有负责交易系统的，有负责财务管理的，也有负责市场运营的。

比如复星集团的18位合伙人，包括执行董事等人，也包括公司各业务板块和职能板块的核心高管，以及海外投资企业的核心高管，构成了一个核心经营团队。

3. 管理团队模式

这种模式比较常见，合伙人的范围比较广，包括创始人、核心高管，也包括中高层管理人员。合伙人组成一支共同承担责任、共同创造利益的管理团队，通过占大股赢得对公司的控制权。

比如，万科采用的就是管理团队模式。2014年，万科召开股东大会，提出"职业经理人已死，事业合伙人时代诞生"的口号，并把1000多名中高层管理人员变成首批事业合伙人。

这些合伙人持有的股份占公司总股份的 3.26%，进一步提升了中高层管理人员的工作热情和创造力，强化了管理团队与股东之间的共创、共担关系，有利于企业创造更高的业绩和价值。

万科的合伙人制度，通过增持公司股份加强对经营管理的控制力。首先，它制定了跟投制度，即除了旧城改造及部分特殊项目以外，一线公司管理层和该项目管理人员必须跟随公司一起投资所有的新项目。同时，公司还设计了合伙人持股计划，将 200 多个经济利润奖金获得者发展成合伙人，共同持有公司股票，同时也把未来的经济利润奖金转化为股票。这既让公司解决了资金的压力问题，同时也让员工获得了更多分红。

最后，公司临时组织事业合伙人参与工作任务，实现跨部门协作，不仅解决了部门之间责权过度划分、互相推诿的问题，更促使合伙人侧重关注企业的整体利益和长期利益。

4. 全员合伙模式

即公司实施全员持股计划，让每一个员工都成为股东，成为共同的创业者。比如，华为让所有员工以企业为核心，为了自身和企业的利益而不懈努力，进而极大地激发了员工的创新潜力、创业激情，让企业充满积极向上的精神。再如，乐视也推行了员工持股计划，让每个正式员工都持有乐视的生态原始股份，并且达到全行业同岗位的最高比例。

▶ 众筹+合伙：最强的合伙模式

众筹是一种非传统的融资形式，相对于传统融资方式，它更为开放，创业者或企业可以向社会大众筹集资金，实现资金资源的整合。

随着合伙人制的兴起，越来越多的创业者把众筹和合伙结合起来，采取"众筹+合伙"的模式。不过，创业者不仅要筹集资金，还众筹创意、技术、运营思路等。

之前的众筹，只要资金第一；现在的"众筹+合伙"模式，则是团队第一。因为创业成功的重要因素是要有一个好的团队，有了好的团队才有可能做出好产品，形成好的产品创意、运营思路及更多的扩展资源，从内到外、从资金到团队，都为公司提供了无限可能。

正如一位推行"众筹+合伙"模式的创业者所说："众筹解决的是筹人、筹智、筹力、筹资源、筹资金等多重问题。"小米成立之时，雷军并没有将主要精力耗费在找产品、找资金上，而是用在了找合伙人团队上，在合伙人、资金、硬件技术、产品创意、市场运营等各个方面都采取了众筹模式。

乔布斯也是如此。他说过："我过去常常认为一位出色的人才能顶两名平庸的员工，现在我认为能顶50名。我大约把四分之一的工作时间用于招募人才。"掌管苹果期间，乔布斯最核心的工作就是"招人"，最后组建了一支由一流设计师、工程师和管理人员构成的"超级团队"。

可以说，合伙创业就是通过众筹模式将合伙人聚集起来，这些合伙人每人出一部分资金成立合伙制公司。但是面对强大的市场竞争，创始人还需要加强技术团队、创意团队、运营团队等专业性团队的打造，所以招募技术合伙人、创意合伙人、运营合伙人及管理合伙人势在必行。

有了众筹的资金和合伙人，公司就算真正成立了，且有了强大的战斗力。这些合伙人成为公司最初的股东，不仅要参与公司的运营事务，还享受分红且共同承担风险。

当前，很多创业公司都采取了"众筹＋合伙"的模式。比如，"水果斑马"项目就是由几个年轻人通过"众筹＋合伙"模式创立的。发起人叫周政寰，他在做生意的过程中萌发了"召集多人，各出少量资金，做一个新潮的创业项目"的想法。之后，他召集了同样有创业想法的几个朋友成立了杭州众筹网络公司。

公司的第一个项目是开一家名叫水果斑马的水果店，致力于服务本地消费者，把水果店打造成两小时内同城送达的O2O实体连锁店。他还通过微信服务号发布募股书，只要出资3000~6000元就可成为水果斑马的合伙人，签订合伙协议。但合伙人并不是出资就可以，每个人都需要参与到项目的运营中，有渠道的就提供品质最优、价格最实惠的产品，有人脉资源的就进行宣传、推广，懂财务的就需要进行财务核算，做物流的可以专门负责物流板块……

最后，周政寰众筹了将近67万元，招募了148名合伙人，这个项目做得也非常成功，生意很是火爆。虽然这样的众筹方式有一定的问题，如团队运营分散、合伙人积极性不一，但也说明了"众筹+合伙"模式的优势。

"众筹+合伙"的模式，已经成为当前最强的合伙模式。不过，采取这种模式时，我们需要注意以下几个问题：

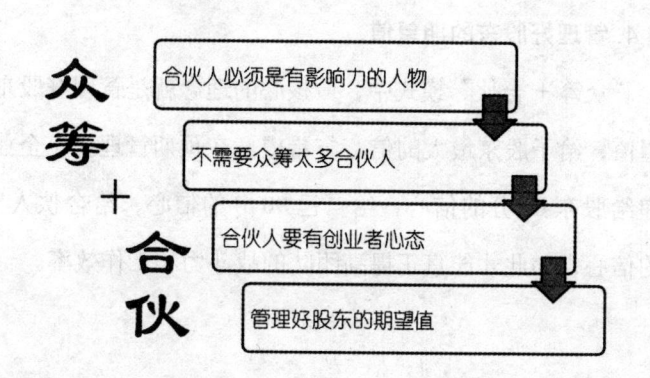

众筹 + 合伙

- 合伙人必须是有影响力的人物
- 不需要众筹太多合伙人
- 合伙人要有创业者心态
- 管理好股东的期望值

1. 合伙人必须是有影响力的人物

"众筹+合伙"模式中，最重要的是团队。因此，合伙人中必须有一个有影响力的人物，能号召所有合伙人承担责任，能吸引更多的合伙人加入。同时，公司成立时必须搭建好股权结构，要有真正的决策者，有影响力的人物必须占大股。

2. 不需要众筹太多合伙人

企业需要招募有价值、有能力的合伙人，不断提升团队的战斗力。但是，招募的合伙人不宜太多，否则企业运营管理就会出现若干问题，最后没准会走向分崩离析。

3. 合伙人要有创业者心态

合伙人必须要有创业者心态，对所做的事情有兴趣、有热情，有为了实现企业目标不懈奋斗的精神。如果某个合伙人有资金也有核心技术，但是没有创业者心态，就不算是真正有价值的——他对事业不热爱，不能与其他合伙人共同实现企业的追求，如何能让团队稳定，又如何能让企业得到发展呢？

4. 管理好股东的期望值

"众筹+合伙"模式中，最核心的理念就是管理好股东的期望值，给予股东最大的信心与希望。在预期管理上，企业要传递给股东60分的信心，给自己90分的信心，给合伙人100分的信心，如此才能真正提高团队的战斗力和工作效率。

▶ 股份合伙：股权的份额很关键

股份合伙是合伙人投资并拥有公司的股份，成为公司的股东，参与公司的经营并承担投资风险，享受股份分红。

对于创业公司来说，股份合伙是几个人共同出资、共同经营，股东也称为创始合伙人。对于处在非创业期的公司来说，它表现为公司与业务骨干共同出资成立新主体公司的形式。

需要注意一点，合伙创业时，应该在合伙创业之前选择好最合适的创始人，商议好股权的分配份额，谁是控制者，谁就占有大比重股权。

股权分配应该以合伙人的身价为前提，也就是说，身价的高低决定了合伙人获得股权比重的大小。

创始合伙人股权分配的计算方法如下：首先是初始股权分配，每个创始人获得100份股票基数，然后根据个人的实际情况添加。

合伙创业的召集人、主导者具有比较强大的号召力，应该成为创业的牵头者，可以增加5%或是更多的股权，占有大比重股权；如果某个创始人有可行的创意并成功实现了，他也可以增加 5% 的股权；如果某个创始人对创业的贡献最多，解决了最关键的难题，他也可以多分配 5% 的股权；如果某个创始人担任公司 CEO 或总经理，负责公司的日常运营管理事务，也应该给他增加 5% 的股权。

对于合伙创业来说，出资的多少决定了这个人所占股权的多少。投入资金较多的创始人，所做的贡献比较大，承担的风险也是比较大，理应获得更多的股权。

比如，三个人决定创业，共同出资与经营，经过综合计算，创始人 A 分得 500 股，创始人 B 分得 200 股，创始人 C 分得 300 股，那持股比例为 50%、20%、30%。创始人 A 占大部分股份，拥有公司的控制权。

实际上，为了合理分配股权，确保创始人对于公司的控制权，其所持股权比重往往超过 51%，甚至超过 67%。

同时，创始合伙人要分清权利、责任、利益，股权分配方法按照不同的项目而确定，必须以最利于公司发展的方式来分配。拿互联网创业公司来说，它往往需要进行一轮轮融资，而其股权架构必须保障公司快速发展和创始人对公司的控制权。

于刚和刘峻岭共同创立了 1 号店，启动资金是创业团队筹集的几百万元。很快，公司资金短缺，于是 1 号店开始积极地进行融资。2010 年 5 月，平安集团收购了 1 号店 80% 的股权，创始人于刚和刘峻岭只持股 20%。之后，沃尔玛正式入股 1 号店，并持有 1 号店 51.3% 的股份，成为最大股东，平安持有

36.9%的股份，而于刚和刘峻岭只持有11.8%的股份。这样一来，创始人失去了对公司的控制权，于刚和刘峻岭成为"职业经理人"，最后不得不离开自己创立的公司。

接下来，我们了解一下股份合伙的另一种形式，即公司与业务骨干共同出资成立合资新主体公司。

2001年4月，桂林三金药业公司变更为桂林三金药业集团有限责任公司。之前股东大会审议通过，邹节明持有5786219股，王许飞持有1704258股，谢元刚持有821782股，其他股东持有共计4086601股，股份由公司工会委员会代为管理和持有。公司名称变更之后，工会、三位股东共同出资，工会出资占总出资额的83.38%，邹节明出资占总出资额的11.57%，王许飞出资占总出资额的3.41%，谢元刚出资占总出资额的1.64%，形成股份合伙人制，而三位股东成为股份合伙人。

需要注意的是，股份合伙人制和股份合作制是有区别的，二者不能混为一谈。

▶ 个人合伙制：打造完美的创新合伙计划

我国的合伙制模式主要包括个人合伙、法人合伙和合伙企业。其中，合伙企业具有企业营业资格；个人合伙的合伙人是自然人，它可以订立口头的合伙协议，需要领取个体工商户的营业执照。

因此，合伙制企业可以招募一些个人合伙人，促使企业快速发展。尤其是在"互联网+"蓬勃发展后，新兴企业抛弃了传统的合伙人模式，开始想办法吸引更多的个人合伙人。

比如前面说的水果斑马，其创始人周政寰就是通过众筹方式召集了众多个人合伙人。这些合伙人，有的是自然人，有的是个体户，成为合伙人之后，他们共同为公司出资、出力、出资源，参与到公司的运营中。

再如，某保洁公司联合知名的家政公司，为当地的家政服务人员搭建了一个平台，吸收很多个体户、自由从业者成为合伙人。公司在平台上设置了不同的项目，包括家电清洗与维修、日常保洁、月嫂保姆、杀虫除螨等，每个项目召集三个合伙人。成为合伙人之后，平台提供礼仪和技能培训，并且为其宣传、寻找客户，合伙人则需要维护平台的形象与口碑，提高服务品质和业绩，促进个人和平台的共赢。

还有老板电器推出了经销商持股计划，把下游的经销商（包括个体经销商和经销公司）纳入合伙人的范畴，是其"千人合伙计划"（对企业内部和分公司进行股份制改造）的后续措施。部分经销商可以购买老板电器的股票，有效实现了经销商和企业的利益捆绑，大大提高了经销商的积极性和热情。

合伙制模式

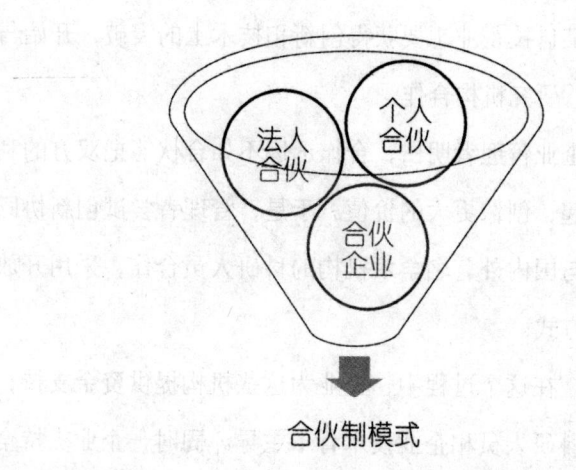

在合伙制下，企业还积极寻找新的合伙模式，把一些学界、商界、科学机构的人才发展成为个人合伙人，真正实现了合伙方式的创新与突破。

比如，任正非多次前往复旦大学、上海交通大学、南京大学等高校走访，加强与国内知名大学科研人员的合作，实现开放性合伙模式。科研人员与华为的不同部门进行项目合作，因为科研人员所研究的高科技重点项目正是华为所需要的，华为为科研人员提供资金支持，并享有其研究成果的使用权。

在这个过程中，华为会对这个项目的执行情况与成果进行考核和验收，如果项目超过预期指标，科研人员还可以获得浮动奖励。相反，如果项目没有达到既定目标，科研经费尾款就得不到了。正是因为华为积极寻找学界、研究机构的"合伙人"，寻找新的合作点，才能实现自身技术创新与科研人员研究突破的双赢局面。

再如，某科技企业想要获得创新和技术上的突破，开始与厂商、学界、研究机构合作。

但是，企业管理者明白，合作远远不如合伙能把双方的利益捆绑在一起，创造更大的价值。于是，管理者尝试创新协同合伙模式，与国内外著名学术机构的科研人员合作，采用开放知识产权的方式。

就是说，在这个过程中，企业为这些机构提供资金支持，研发项目由科研人员和企业技术骨干主导。同时，企业支持全国学术伙伴共同合作，开放知识产权——研究成果面向公众共享。这意味着企业拥有更多的创新开放式合伙人，让其产品满足客户的需求且能更快速地占领市场，也让合伙人获得了更多的利益。

▶ 外部合伙：企业上下游的合伙模式

外部合伙模式，是指企业把上游材料、产品供应商和下游经销商、分包单位及客户等外部资源发展成合伙人的模式。

外部合伙人只是以股权的比例来分享利益，并不会参与企业内部的运营与管理。采用这种合伙模式，可以降低企业的生产成本——对于企业来说，最重要的成本就是采购成本和销售成本。

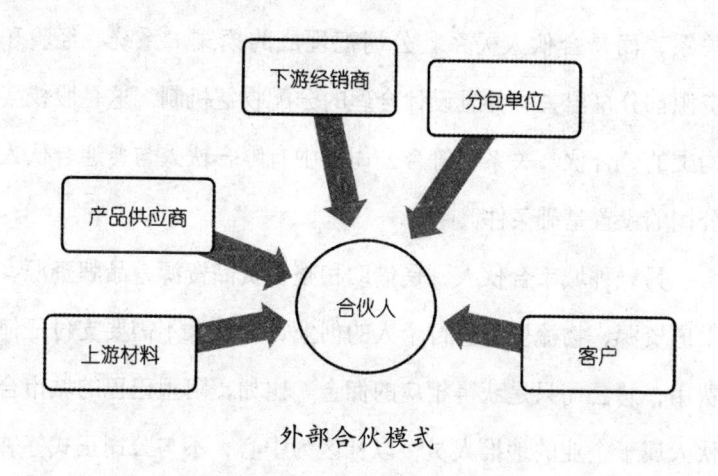

外部合伙模式

企业将供应商和经销商发展成外部合伙人，构建一个生态模式的大平台，就可以避免上游压货而提高生产材料和产品价格的现象，还能避免存货积压、下游压低产品价格和不及时回收应收账款的现象。企业与上、下游企业形成利益共同体，只要合理设置利益分成制度，就可以使得企业降低生产成本，获得更多的利润。

在良好的激励模式下，外部合伙人充分发挥能动性，积极开发市场，提升销售能力，自然能促进企业的快速扩张和销售业绩的提升。

现在很多企业在市场运营时会招募城市合伙人，把企业的战略规划和盈利模式分享给更多的城市合伙人，使其利用公司的平台资源实现盈利。

功夫熊就采用了这样的模式，它在一些城市成立独立公司，由城市合伙人担任 CEO。功夫熊与独立公司不是上下级关系，而是合伙人关系。公司把现成的模式、系统、经验和资源都分享出去，并且设计合理的分配收益机制。这是股权架构上的"合伙"关系，符合公司法中有限合伙人与普通合伙人公司的设置基础条件。

另一种城市合伙人，是借助和整合货品资源、品牌资源、渠道资源、物流资源进行个人的创业，合伙人不需要支付任何费用，总公司只是获得相应的佣金。比如，阿里巴巴的城市合伙人属于企业的地推人员，以社区为中心，不与公司正式签署劳动合同。合伙人的商品可以打上"阿里巴巴"的标志，进行传统快消品的推广、分销与零售。如果商品出现问题，阿里巴巴将先行赔付。

还有一种城市合伙人与第二种模式类似，不过合伙人需要支付一笔加盟保证金。但是它与传统的加盟直营有不同之处——城市合伙人需要交入伙费、品牌保证金、平台管理费用，由公司输出标准化的产品和管理，之后共同经营品牌。这些费用都是可退的，公司与合伙人签订协议，并且按照协议分配收益。

可以说，外部合伙模式可以吸收更多上、下游优秀的合伙人，它打破了企业内部纵向决策、横向分工的组织体系，建立了一个由企业、供应商、经销商、客户组成的生态平台。在这个平台上,公司只是提供技术、人事、生产或产品方面的支持,合伙人也为公司提供了更好的生存与发展环境。

不过,这种外部合伙模式也有一定的风险,比如合伙代理商和非合伙代理商之间在责、权、利上应该有所区别。

比如,一个代理商加入外部合伙人体系,成为与公司关系紧密的合伙人,但在供货、价格等方面都不能享受优惠政策,很可能会打击合伙代理商的积极性。同时,合伙代理商的进货成本低,很可能影响其市场扩张的积极性,或是为了抢占市场而采用低价销售策略,进而干扰市场价格体系,给整个行业带来不良影响。

因此,建立外部合伙机制时,公司需要采取相应的激励计划,制定合理的目标任务,保障合伙代理商的利益。另外,还需要在协议中明确产品特色与服务质量,保障整个生态链的健康持续发展。

▶ 业务合伙:团队 + 业务的组合

业务合伙,是一种团队与业务有机结合的合伙人机制,合伙人作为业务的拓展者和执行者,通过个人的专业和努力来实现业绩提升,享受团队经营所得的利润与利益。通常来说,会计师事务所、律师事务所、管理咨询机构、投资银行等公司,都采取业务合伙的方法。

比如,几位律师合伙成立律师事务所,合伙人独立开拓业务,为事务所创造业绩和利润。同时,事务所为合伙人提供管理和品牌价值。这里要说明的重点是,合伙人投入的是专业知识,人力资本是企业经营最重要的因素。在合伙人制下,合伙人相互信任,享受同等的权利,承担同样的义务。

再如,麦肯锡咨询公司内部管理采用的也是合伙人制。公司所有权和管理权掌握在将近600位合伙人手里,这些合伙人担任公司的高级董事或董事,他们都是具有专业知识、丰富咨询经验的核心人才。

在麦肯锡有一个合伙人委员会,它每年会进行一次审核,选拔全球合伙人。委员会的工作,是审查被提名合伙人是否有资格当选为合伙人,并对其是否当选投票。

比如,有一位高级合伙人独立经营着咨询业务,他认为下属W升职到合伙人将有利于自己咨询业务的发展(这位下属W与客户的关系非常好,且具有企业重组转型相关的知识和能力,服务的大部分客户在两年内都经历了一些重组或转型),于是就对他进行提名。通过合伙人委员会的审查,确定这位下属W真的足够有价值,能为公司带来更多的业绩,他就可以成为合伙人。

可以说，想要成为麦肯锡的合伙人并不容易，他需要通过层层考验、选拔和审核，即从最底层的分析员做起，之后成为高级咨询员，再到项目经理，最后通过业绩审核到董事合伙人。

就拿冯唐来说，他是医学博士，积累了丰富和扎实的专业知识，之后选择改行进入戈伊祖塔商学院，完成了MBA学业。当时，恰好麦肯锡来到这里招人，经过五轮面试，他从众多优秀人才中脱颖而出。

最初两年，冯唐做咨询顾问的工作，在团队中积极肯干、思维活跃，把每个项目都做得非常出色，后来升迁为项目经理。其间，他短暂地离开过麦肯锡，但是积累的很多宝贵经验为他之后的发展奠定了基础。再次回到麦肯锡后，他成为资深项目经理，接触更多的是高级别客户，最后他成为麦肯锡全球董事合伙人。

当然，业务合伙还有另外一种形式。这种形式类似于承包制，就是在公司确定的业绩、利润基础上，由经营团队通过个人能力实现的增值部分由团队共同分享。

这种形式，更多适用于基层员工的合伙人制，业务合伙不涉及法人主体及股东身份，合伙人通过开拓业务实现业绩与利润，创造的利润越多，分享的收益就越多。比如，永辉超市采用的就是一线员工合伙人制。

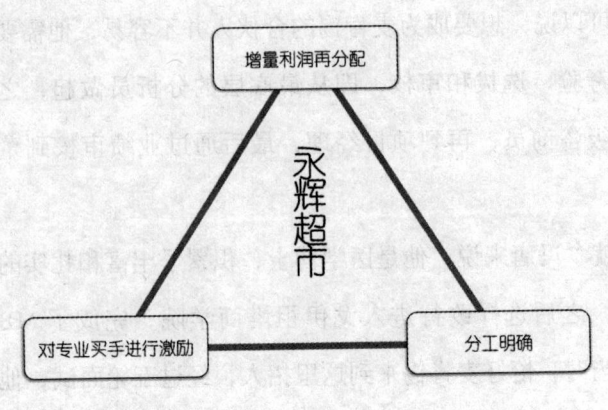

```
          增量利润再分配
              △
         永辉超市
    对专业买手进行激励 —— 分工明确
```

永辉超市的合伙人制

针对一线员工工资低、工作积极性不高的情况，永辉推行合伙人制，根据区域特点采用不同的激励方案。

首先，采取的是增量利润再分配方式。

总部与合伙人根据历史数据和预期销售制定业绩标准，如果合伙人的实际业绩超过这个标准，对于增量部分的利润可以获得一定比例的分配。

一般来说，合伙人以门店为单位与总部商谈，分配比例或是三七或是四六，店长拿到分红后，再根据岗位贡献度进行二次分配，给予每位基层员工分红。

这样，从店员到店长，从营运部门到后勤部门，它做到了全员参与、共同经营，充分调动了员工的积极性，并践行了"融合共享、成于至善"的企业文化。

其次，是分工明确。

永辉以生鲜起家，形成了具有特色的经营模式。所以，公司根据生鲜经营的灵活性、岗位设置的细致度及运营环节的精细化管理,进一步提升员工的积极性、敬业度,提高门店的业绩和利润。

最后,公司还对专业买手进行激励。

针对一些具有专业知识的买手,如有执业药师资格的店长、供应链第一手代理人,在合伙人制的基础上采用股权激励的方式。"合伙人制+股权激励"这种创新模式,不仅保障了买手团队的稳定性,还提高了公司的竞争力,对于巩固永辉的生鲜经营优势非常有利。

第七章

合伙原则：
唯有规则支撑，企业才能持续

/第七章/ 合伙原则：唯有规则支撑，企业才能持续

▶ **出资和出力，都有具体的股权分配标准**

合伙人制中，最重要的是共同承担风险，共同负有管理公司的责任，共同建立组织结构，共同努力创造价值，共同分配股权分享利益。

而在合伙创业时，合伙人之间往往会出现三种情况：有的合伙人出资不出力，有的合伙人出力不出资，有的合伙人既出资又出力。那么，在这种情况下，公司如何管理，股权如何分配，利益又如何分享呢？

对于出资不出力的合伙人来说，他认为资金最重要，自己投资了就必须分得更多的股权和利益；对于出力不出资的合伙人来说，他认为自己出力了，若是不能分配合理的股权和利益，岂不是白给他人打工了；既出资又出力的合伙人更是理直气壮，他认为自己理所应当得到最多的股权和利益。

从个人角度来说，这三种人的心态都可以理解，但是从企业的角度来说，就存在偏差了。之所以出现这样的问题，核心就在于没有制定合理的合伙原则，没有明确出资和出力的股权分配标准。

换句话说，分配股权时，可以囊括出资、出力、出资源等因素，按照资金资本、人力资本、资源资本在项目中的权重及出资比例来计算所应分配的股份。

比如，几个人合伙创业，资金的权重为50%，人力的权重为40%，资源的权重为10%。此时，公司的注册资金为100万元，其中A投资50万元，只出资不出力，没资源；B投资50万元，出力50%，提供资源60%；C不出资，出力50%，出资源40%。

这样看来，在资金出资比例方面，A的比例是50%，B的比例也是50%，C的比例是0%；人力出资比例方面，A的比例是0%，B的比例是50%，C的比例也是50%；在资源出资比例方面，A的比例是0%，B的比例是60%，C的比例是40%。因此，A、B、C的股份应该这样分配：

A所占股权为：50%×50%=25%

B所占股权为：50%×50%+40%×50%+10%×60%=51%

C所占股权为：40%×50%+10%×40%=24%

合理分配股权，就可以合理分配利益。同时，合伙创业时还需要签订合伙协议，约定好运营、管理、分红等问题，避免以后合伙人之间因为钱、权等问题发生矛盾。此外，公司还需要注意以下几个问题：

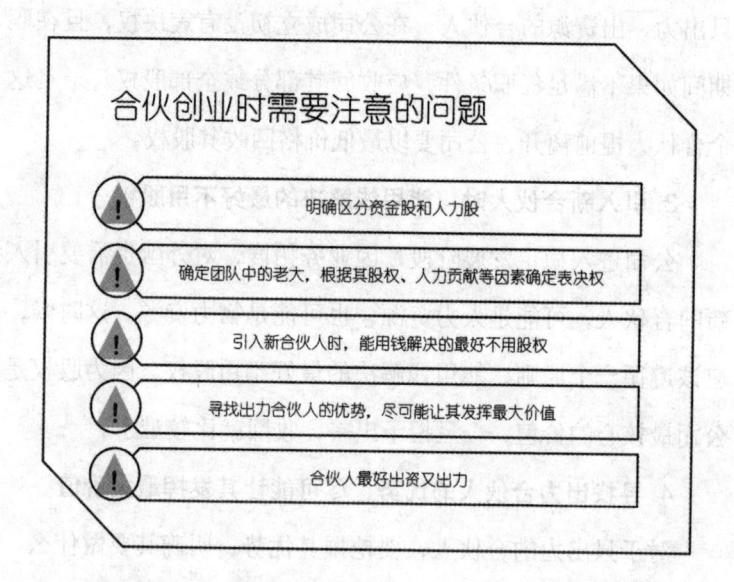

合伙创业时需要注意的问题

- 明确区分资金股和人力股
- 确定团队中的老大,根据其股权、人力贡献等因素确定表决权
- 引入新合伙人时,能用钱解决的最好不用股权
- 寻找出力合伙人的优势,尽可能让其发挥最大价值
- 合伙人最好出资又出力

1. 明确区分资金股和人力股

合伙创业时,企业要明确区分资金股、人力股、资源股等,根据各种资源对于公司发展的重要性来确定其权重。金融类公司,资金所占权重大一些,资金股占比也就高一些;咨询类、会计事务所等服务公司,人力所占权重大一些,人力股占比就高一些。

2. 确定团队中的老大,根据其股权、人力贡献等因素确定表决权

合伙团队中必须有老大,他应有对公司的控制权和决策权。因此,企业必须确定团队中谁是老大,根据其股权、人力贡献等因素确定表决权。

股东的表决权,应该根据其股权占比、人力贡献来确定。

只出力、出资源的合伙人，在公司成立初没有表决权，且在职期间如果不满足任职条件，应收回其部分或全部股权。一旦这个合伙人提前离开，公司要以最低价格回收其股权。

3. 引入新合伙人时，能用钱解决的最好不用股权

公司进入稳定发展阶段，因业务拓展、对外融资需要引入新的合伙人，可能是人力资源，也可能是物力资源。这时候，应该遵循一个原则：能用钱解决的最好不用股权。因为股权是公司最核心的价值，一旦授予出去，收回就比较难了。

4. 寻找出力合伙人的优势，尽可能让其发挥最大价值

对于只出力的合伙人，要挖掘其优势，明确其要做什么、负什么责任，做到明确分工，尽可能保证权责分工明确。这样才能调动合伙人的积极性和能动性，为公司的共同利益而奋斗，而不仅仅是为了"拿分红"。否则，这个合伙人和外聘经理人就没有什么区别了。

以阿里巴巴的蔡崇信为例。蔡崇信毕业于耶鲁大学，曾经在一家纽约并购公司担任过副总裁和法律顾问。之后，蔡崇信加入阿里巴巴成为联合创始人，以正式合同的形式，把最初合伙人的利益捆绑在一起。

后来，蔡崇信成为阿里巴巴副主席，在管理方面做出了卓越贡献——股份和股权结构的管理，还负责完成了许多具有里程碑意义的项目。很多人说，如果没有蔡崇信的加入，阿里巴巴或许只是个传统的"家族企业"。除此之外，他还是个善于

发现并培养人才的管理者，推荐了陆兆禧后，他成为把阿里巴巴带上一个新高峰的灵魂人物。其间，他全力支持陆兆禧的重大决策，这才有了淘宝这个改变人们消费习惯、给阿里巴巴带来巨大收益的项目。

可以说，蔡崇信作为一位优秀的团队管理者，发挥出了最大的优势和价值。

5. 合伙人最好出资又出力

很多人认为，合伙可以出力不出资，或是出资不出力。但事实上，真正的合伙人制既要出资也要出力，且应有具体的股权分配、利益分配标准，如此才能发挥合伙人制的最大效力。

▶ 利益共享，风险共担：合伙人制度的核心

利益共享，风险共担，这是合伙人制度的核心。对于这一点，我们反复强调过。

利益共享，前提是共创利益。合伙人或是出资，或是出力，或是出资源，分配好股权之后，不管股权比例是多少都要一起追求共同目标。公司走上正轨之后，随着业绩和利润的不断提升，合伙人获得的分红和利益也越来越多。

首先，合伙人在收益方面有很大的主导权，按照股权、个人能力、贡献度获得分红。其次，公司需要合理利用股权激励计划，让事业合伙人、个人合伙人和外部合伙人分享企业的收益，激发其积极性和创造性。

比如，某公司建立了共创、共享的全员合伙人制度，推行全员合伙、分层合伙、风级合伙的形式，以便完善中长期激励和经营成果全员分享的机制。根据公司主业实现的效益，主业全体员工基于个人绩效和贡献，按照分档累进比例获得对应的效益分成。同时，公司实施全员持股计划，员工以低于市场价格自愿购买公司股票，实现公司与员工的利益共享。公司还实施了股权激励计划，成立合伙人委员会，正式选拔出第一批核心合伙人，包括公司董事、中高层管理人员、核心技术人员、核心业务骨干等，向合伙人授予股票期权。同时，公司推进项目跟投计划，员工、项目团队、管理人员根据档级进行跟投，可以获得投资回报和奖励。

当然，分红和分配利益的规则是提前制定好的，通常按照股权比例来分配，而不是平均分配。但是，公司必须遵守利益共享原则，不仅要顾及联合合伙人，还要顾及普通合伙人、核心人才、外部投资人等。

比如，OPPO公司推行合伙制，把全国25万家门店放在统一的信息平台上，实现了规模化运营、平台化管理。这些店面独立核算，省公司是由OPPO与各省总代理商共同出资成立的股份制公司，市公司是由OPPO内部员工或承销商出资或入股省公司成立的区分公司。虽然市公司在管理上隶属于省公司，但是区域业务人员与省公司无关，属于区分公司合伙人。

经营过程中，OPPO公司统筹管理省公司合伙人的产品、市场营销活动，市公司合伙人则与当地零售商直接签署供销协议，公司与各外部合伙人积极扩展平台，实现平台、资源和渠道的共享，为公司创造了更多的利润，自己也获得了更多的收益。另外，OPPO还推行各种激励机制，包括股权激励、超额利润共享等，做到共创共享。

共享的收益和价值，简单来说，前者是企业经营活动中产生的利润，后者是资本市场的股票增值。除了利益共享外，还有信息与知识的共享、资源与渠道的共享、生态环境的共享。可以说，在合伙人制的经营模式下，资本、合伙人、核心人员、员工之间的利益分配更公平，能满足很多人对于财富的追求，更能促使每个合伙人对公司葆有信心，给予长期的投入和坚守，致力于企业的可持续发展而努力。

风险共担，主要体现在两个方面：一是共担经营风险。当出现经营风险时，合伙人要以公司利益为重，而不是只顾个人利益。二是共担发展责任。当公司股票下跌时，合伙人的财富也会缩水，这时候，合伙人要与公司、其他合伙人共进退，而不是独自撤出。

比如，几个人合伙创立公司，A出资金，B出技术，C负责管理，整个团队优势互补、共同努力，使得公司业绩稳定上升。不料，金融危机来了，公司的业绩迅速下滑，财务状况也出现了大问题，导致公司存在巨大的经营风险。

此时，若是没有签订合伙协议，B和C就可能不再愿意承担风险，只有A一个人承担亏损的风险。因此，合伙创业前一定要签订合伙协议，把公司可能遇到的经营风险预估好，确保合伙人共同承担风险。

约定合伙人协议时，可以做出如下规定：如果合伙协议约定不明确，未经全体合伙人同意，不能退出；如果非要中途退出，出资合伙人或是技术合伙人应当承担由此造成的其他合伙人的一切损失。

另外，合伙人只约定获得股东利润而不承担经营风险时，合伙约定是无效的。比如，李某和几个朋友合伙成立了一家化妆品公司，他们签订了合伙协议，并约定了出资比例和持有股权比例。之后，几个人又签订了合伙补充协议，约定项目部与公司内部承包合同的全部责任和利益都由李某承担，李某按照股东共同协议的回报比例，根据项目合同付款条例分期支付其他合伙人股本金和收益。

实际上，其他几个合伙人并不是真正意义上的合伙人，因为他们虽然出资了，但是不承担风险，其约定是无效的，合伙关系也不成立。根据我国相关法律规定，合伙人必须共同投资、共同经营、共负盈亏、共担风险。

▶ 冲突不可避免，权衡利弊好解决

合伙创业，冲突不可避免。当然，合伙人之间的冲突可能源于股权分配、利益分配，也可能源于控制权的问题，或是经营管理理念的不同，等等。

但是，不管怎样，合伙人尤其是创始人都需要权衡利弊，找出冲突的关键所在，及时合理地解决。就算合伙人要退出，也要按照约定的退出机制来保障退出人和公司的利益不受损。就算合伙人因为种种原因要散伙，也不能闹得两败俱伤，将公司拖入深渊。

合伙人之间的冲突，主要源于以下几个方面：

1. 股权纠纷

合伙人之间的股权分配不均或是不合理，比如资金出资方（大股东）对于人力投入的合伙人的股份分配不合理，忽视了人力投入的价值；又如持股比例不合理，两人或三人均分股权。这都容易导致股权纠纷。

2. 利益分配

利益分配不均，主要是由股权分配引起的。这种利益分配不均并不局限于金钱方面，还包括权利、地位等。

张强有着10年酸菜鱼风味调料的行业经验，在重庆成立公司2年多，公司发展还不错，每年大概有100多万元的利润。此时，张强想让公司再上一个台阶。

经朋友介绍，张强找到销售经验丰富、人脉广的李华，经过详谈后，两人便合伙成立新公司。张强出资210万元，按出资比例占股70%，李华出资90万元，占股30%。不过，李华实际出资为50万元，约定分红后再将资金补足。

短短一年时间，新公司的业绩提升非常快，两人便收回全部投资，李华也补上了最初投入资金的不足部分。第二年，公司业务扩展到北方大部分省市，公司总利润高达500万元；第三年，公司业务发展到南方一些城市，公司总利润高达800万元。

面对这种大好局面，李华渐渐感觉心里不平衡，认为公司业绩都是自己带来的，但是分红却不高。而且，张强为公司总经理，所有事情都是他一个人说了算，自己只是带领销售团队东奔西跑，没权，没地位，又辛苦。

于是，李华提出新的股权分配方案，要求将分红提高10%，且每年公司拿出一部分利润作为销售团队的奖励。张强则表示，按股东出资比例分红很公平，双方应该遵守合伙人协议。而且，当初李华只拿出50万元就占有30%的股权，虽然事后补足投入资金，这也是对李华最大的支持和回报。

再后来，李华越来越不满，两人的矛盾不断升级。李华直接提出："要么重新分配股权，将我的分红提高10%，要么我带着销售团队退出。"

这可以看出，冲突是由于利益分配不均，合伙人心里不平衡导致的。张强认为按照出资比例来分红是合理的，不过他忽视了一个重要因素，即人力带来的价值。

很明显，张强和李华的合伙公司并不是资金驱动型企业，而是人力驱动型企业。就是说，公司价值的大部分是李华及其销售团队创造的，根据谁创造利润、谁分享利益的原则，李华只得到30%的分红确实不合理。

张强应该对股权和分红方式进行合理分配，可以选择增量分红的模式，即约定业绩达到多少，按照原计划进行分红，业绩超过多少，按照新计划进行分红；也可以选择提高股权和分红比例，同时让李华参与公司管理运营的方式。

3. 外部资本介入

企业想要发展，就需要吸引投资人的注意，进行对外融资。而外部资本一旦介入，就意味着投资人和创业团队共担风险、共享利益。但是，很多投资人会插手公司的运营，企图掌握公司的控制权，就这会引起合伙人之间的冲突。

比如，王石曾经被万科第一大股东宝能和第二大股东华润联合起来踢出局，虽然他是万科创始人。还有汽车之家的CEO秦致和CFO钟奕祺，随着平安信托成为其最大股东，两人也双双被踢出局，公司管理层发生了大换血。

总之，合伙制公司的冲突不可避免，得到及时、合理的解决才是关键。一旦合伙人之间闹得太僵，或是冲突持续的时间太久，就会阻碍公司的发展。

▶ 有限合伙企业的科学运用和注意事项

合伙做生意，合伙人要享有权利，也要承担责任。如果一个合伙人只享受权利而不履行责任，公司是无法长久发展的，好朋友也会变成"冤家"甚至是仇人。

合伙企业分为普通合伙企业和有限合伙企业，普通合伙人和有限合伙人的权利、责任也是不同的。

1. 普通合伙人的权利与责任

对于普通合伙人来说，其权利包括三方面：一是被委托执行合伙事务或监督合伙事务执行情况的权利；二是查阅合伙企业会计账簿等财务资料的权利；三是获得合伙企业利润分配的权利。

合伙企业的相关规定是：如果公司委托一个或者数个合伙人执行合伙事务，其他合伙人不再执行合伙事务，但是后者有权监督执行事务合伙人执行合伙事务的情况。同时，合伙人有权了解合伙企业的经营状况和财务状况，有权查阅其会计账簿、财务报表等财务资料。

普通合伙人的责任分为对外责任和对内责任：对外责任，即合伙人对合伙企业的债务承担无限连带责任，不受其出资额的限制；对内责任，即合伙人对外承担责任后，可以根据合伙协议约定的比例向其他合伙人追偿。就是说，如果合伙人因为个人过失导致合伙企业发生损失，需要其他合伙人共同承担责任。

2. 有限合伙人的权利与义务

对于有限合伙人来说，其权利包括以下四个方面：第一，以货币、实物、知识产权、土地使用权或者其他财产权利作价出资；第二，应当按照合伙协议的约定按期足额缴纳出资，如果不能按期足额缴纳，应当承担补缴义务，并对其他合伙人承担违约责任；第三，合伙人不执行合伙事务，不得对外代表有限合伙企业，只能按照合伙协议比例享受利润分配；第四，可以与本合伙企业进行交易。

有限合伙人的责任包括以下两个方面：第一，有限合伙人不执行合伙事务，不对外代表本企业，以其出资额为限对合伙的债务承担清偿责任；第二，有限合伙人的自有财产不足清偿其与合伙企业无关债务的，该合伙人需要用其从合伙企业中获得的收益进行清偿。

需要注意的是，当合伙企业遇到利益亏损时，对于亏损的负担，可以采取合伙约定和合伙企业法规定两种不同的方法。

合伙约定，就是合伙人签订合伙协议。如果合伙协议未约定或是约定不明确，合伙人之间又协商不成，就需要根据法律法规来处理。

对于合伙债务的承担与清偿，合伙人承担无限连带责任。这种无限连带责任分为两种方式：一是并存连带，即合伙人的债权人请求合伙人清偿债务或是请求合伙人清偿合伙的债务，两者没有先后之分，合伙人对合伙债务承担并存无限连带责任；二是补充连带，合伙的债权人先请求合伙人清偿合伙债务，对不足部分再请求合伙人清偿，合伙人对合伙债务承担补充无限连带责任。

合伙企业法规定：合伙企业的债务，应当先以全部财产进行清偿。合伙企业不能清偿到期债务的，应该先以其全部财产进行清偿。合伙企业承担无限连带责任，如果其清偿数额超过其应当承担的比例，则有权向其他合伙人追偿。

合伙企业法还规定，有限合伙企业对其债务应先以其全部财产进行清偿。如果不能清偿到期债务，则由普通合伙人承担无限连带责任。如果有限合伙人因为故意或重大过失而造成的债务，先由合伙企业承担责任。合伙企业财产不足清偿的，由普通合伙人承担无限连带责任，然后再向有故意或重大过失责任的合伙人追偿。

此外，合伙企业还需要明确分工，明确每个合伙人的岗位职责。比如，负责销售的合伙人需要认真履行职责，如参与制定公司的营销战略；及时调整营销策略和计划，确保完成营销目标和计划；主持制定、修订营销系统的工作程序和规章制度；带领营销团队开拓市场，维系客户关系……因此，合伙人不仅要享受权利和利益，更需要承担责任和履行职责，而不是"在其位不谋其政"。

在不同的发展阶段，企业的组织架构和分工是有变化的。因此，随着企业的发展，合伙企业也需要进一步细分责任，并在合伙协议中明确规定，真正做到权责分明。

与此同时，从股权结构来看，有限合伙持股平台更有利于保障创始股东的控制权，合理安排投资人和被激励对象的位置。因此，在公司发展初期进行股权设计或是发展中期进行股权调整的时候，可以优先选择这种模式。

以老乡鸡为例。老乡鸡股权架构是通过精心设计的，控股公司为合肥羽壹企业管理有限公司，持股比例为52.02%，股东为三个自然人；董事长束从轩之子束小龙持股比例为25%，束文持股比例为5%，其余股份由束董集团有限公司（香港）、天津同创企业管理咨询合伙企业（有限合伙）、天津同义企业管理咨询合伙企业、裕和（天津）股权投资基金合伙企业（有限合伙）等直接持股或间接持股。

而有限合伙持股平台搭建方式是这样的：首先，创始股东与投资人或被激励对象签订《合伙协议》，确定有限合伙人和普通合伙人。一般由创始股东少量出资或由劳务出资担任普通合伙人，在企业中行使执行权。其次，创始股东与投资人或被激励对象作为合伙人成立有限合伙企业，并完成工商变更登记。最后，有限合伙企业受让创始股东股权或对主体公司增资扩股，成为主体公司股东。

需要注意的是，为了保证创始股东的控制权，需要其扩大出资额比例，在有限合伙企业中占大部分股权。

再谈回老乡鸡。虽然束小龙只持有25%的股权，但因为他是合肥羽壹企业管理有限公司的绝对控股股东，同时在其他两个有限合伙企业中，他也是绝对控制人。所以，他仍为老乡鸡的实际控制人。

此外，作为持股平台的有限合伙企业，因为并未开展实质性经济业务，只要不产生债务，就可以促使普通合伙人避免承担债务责任,还可以通过股权转让、在税收洼地建立公司等方式享受相应的税收优惠政策。

▶ 分红原则:分利并非一成不变

合伙人制企业涉及股权分配,也涉及分红。通常来说,股东是按照实缴的出资比例来分红的,也可以根据公司发展的不同阶段设计动态分红,或是自由约定分红比例。

比如,在合伙创业初期,资金是最重要的,需要遵守权、责、利统一的机制。换句话说,分红比例应该向资金方股东倾斜,出技术、出人力的股东则占较低的比重。

但是,当企业收回投资,技术、资源等逐渐发挥出其重要价值,管理者、技术核心人员的影响力逐渐凸显,且对企业的未来发展起到关键性作用时,企业的分红比例就不能仍旧向资金方股东倾斜,否则会引起其他股东的不满。

一般来说,合伙人的分红模式有以下四种:

```
┌─────────┐   ┌─────────┐
│ 增量分红 │   │ 兜底分红 │
└─────────┘   └─────────┘
┌─────────┐   ┌─────────────┐
│ 考核分红 │   │ 同股不同利  │
│         │   │ 分红方式    │
└─────────┘   └─────────────┘
```

常见的合伙人分红模式

1. 增量分红

即在传统的薪酬体系下,基于公司的目标业绩,将部分超额或增量的利润分配给合伙人。公司可提前约定目标业绩和利润,当达到目标利润后,合伙人按照比例参与增量利润的分红。

比如,某合伙人制公司计划 2021 年的目标业绩是净利润 400 万元,实际净利润为 600 万元,那么增量利润为 200 万元。如果设置的提成比例为 15%,合伙人获得的可分配红利就是 30 万元。假设合伙人 A 拥有 15% 的分红权,他就可以获得 4.5 万元的分红。

2. 兜底分红

兜底分红与增量分红不同,它是指无论企业的目标业绩是否实现，合伙人都可以按照一定比例获得分红。它是企业或股东承诺的，给予合伙人固定或一定比例的投资回报，以牺牲大股东的利益为代价。所以，一旦企业的业绩持续不佳，它就会打击合伙人的积极性，促使合伙机制变得岌岌可危。

比如，某企业2021年度目标利润为3000万元，每年按照增量利润的25%来提取分红。合伙之初，企业创始人承诺合伙人可以获得兜底分红，即目标业绩达不到的情况下，合伙人也可以按照差额部分的5%获取分红。

假设企业运营总监作为合伙人享受的分红比例为13%，那么，他的分红情况可以分为两种：第一种情况，企业超额完成目标业绩，实现了利润3500万元，这位运营总监可以获得分红为：500万元（超额利润）×25%（增量利润分红比例）×13%（个人分红比例）=16.25万元；第二种情况，企业未完成业绩目标，实现了利润2800万元，那运营总监可以获得兜底分红为：200万元（利润差额）×5%（利润差额分红比例）×13%（个人分红比例）=1.3万元。

虽然兜底分红形式使得合伙人拿到了相应分红，其差距也是非常大的。所以，企业的业绩不好，伤害的是大股东和合伙人的双重利益，往往导致合伙失败。

3. 考核分红

考核分红的基础是合伙人的考核成绩，而绩效考核的第一原则就是权、责、利统一。在这种模式下，合伙人只有提高工作积极性，拿到较高的绩效成绩才能获得较多的分红。

这种模式在现实生活中比较常见，可以实现企业和合伙人的共赢。一般来说，合伙人的考核分为六个等级：考核得分为70分以下，合伙金分配系数为0.5；考核得分为71～80分，合伙金分配系数为0.8；考核得分为81～90分，合伙金分配系数为0.9；考核得分为91～100分，合伙金分配系数为1.0；考核得分为101～120分，合伙金分配系数为1.2；考核得分为121分以上，合伙金分配系数为1.3。

4. 同股不同利分红

在合伙人制企业的经营管理中，同股不同利的现象非常普遍，因为合伙人的资源背景、价值贡献、合伙时间、工作定位等存在差别，所以获得的分红也有所不同。比如，A和B合伙创立了一家公司，二人为联合创始人，共同管理公司，在分红方式上是同股同利的。后来，企业快速发展，业务范围不断扩大，吸引了合伙人C，但C只是投资人，出资不出力，就可以采取同股不同利的分红方式。

在合伙创业或是吸引合伙人时，企业需要根据自身的需求确定分红模式，同时要懂得分红技巧，获得所有合伙人的认可。这样一来，才不会在分红时发生冲突，不至于钱分完了，合伙人也散了。

下面介绍合伙人制企业分红时应该注意的一些问题：

1. 明确分红原则

一是以出资优先的原则来分红；二是以技术优先的原则来分红；三是依据贡献程度的大小来分红。一般来说，第一个和第三个原则比较常见，但是无论采取哪一个原则都必须在合伙协议中做出明确规定，同时为了凸显分红的公平性，需要以一个原则为主，再结合其他原则来执行。

2. 平衡几个关系，实现合理分红

想要合理分红，企业需要平衡几个关系，即企业未来发展和每年分红之间的关系、资本价值和人本价值之间的关系、增量分红和存量分红之间的关系。

比如，企业既要满足股东的分红需求，又要考虑拿出多少利润进行分红。大股东希望把更多的未分配利润用于企业再发展；小股东则希望收回本钱，每年多获得一些分红。因此，如果把更多的利润用于再生产，就会引起合伙人之间的冲突；如果把更多的利润分掉，企业就会缺乏运营资金，导致发展受限。因此，企业必须平衡好未来发展和每年分红之间的关系。

再如，增量分红是按照一定的比例来分配企业的超额利润，这有利于提升合伙人和员工的积极性，激活企业的核心竞争力。存量分红是按照一定比例来分配企业的存量利润，会减少企业的净利润。因此，企业必须平衡好增量分红和存量分红之间的关系，最好采取二者相结合的方式。

▶ 优势互补，才能有效合作

《山海经》中有这样一则故事：长臂国的长臂人和长腿国的长腿人，各有优势也各有短处。长臂人和长腿人下海捕鱼，一个能捕到海里的鱼，却不能到深海处；一个能到深海处，却捕不着海里的鱼。后来，两个国家的人开始合作，长臂人骑在长腿人的肩上，这样一来，既能走到深海处，又能捕到海里的鱼。两国人精诚合作，优势互补，都过上了富裕的生活。

同样的道理，合伙创业也讲究优势互补。无论几个人合伙，无论合伙的方式是什么，合伙人之间都应该做到优势互补，如此才能使得团队力量发挥到最大。

一个优秀的合伙人组织结构，不仅可以使合伙人的能力得到充分挖掘，实现 1+1+1 > 3 的效果，同时协同合作还可以放大与强化合伙人的能力，通过优势互补产生一种新的、更大的力量。

所以，寻找合伙人时，企业要寻找优秀的人，更要找那些能与创始人或其他合伙人形成优势互补的人。就算团队里的合伙人不是最优秀的，但是你不会的，他可能最擅长，你没有的资源，他反而能轻松得到，这便可产生良好的化学反应。

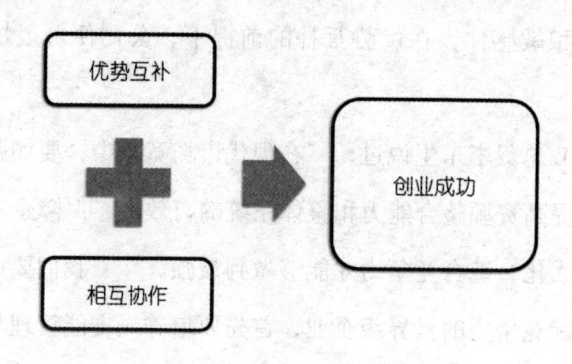

```
[优势互补]
      +  →  [创业成功]
[相互协作]
```

创业成功的秘诀

事实上，很多创业成功的企业都源于团队的优势互补、相互协作。

赵峰和一些有创业意愿的朋友合伙创立了比得网。这些合伙人中，有拥有多年在线旅游行业经验的人，也有懂得互联网运营的人，还有长期在航空行业发展的人。

因为整个团队都深谙国内旅游行业的特点，精通互联网运营，比得网获得了成功，很快就在市场上占据一席之地，也得到了投资人的重视。

不过，想要网站更具竞争力，赵峰必须找到具有航空旅游资源的合伙人，因为这是公司的短板。为此，赵峰拿出9%～20%的股权寻找最合适的合伙人，实现团队的优势互补。

此外，在硅谷有这样一个现象：如果一个创业团队由MBA和麻省理工学院博士两人组成，它很容易获得风险投资。因为MBA是专业管理人才，麻省理工学院的博士则具有良好的技术背景，这样的团队组合既可以把握市场，又有对技术的领悟力和敏感性，在优势互补的前提下，公司便可很快实现共赢。

TCL总裁李东生说过："在现代市场竞争中，要加强团队协作，提高资源整合能力和整体系统的有效性，保障企业资源效益最大化，综合竞争力才能够做到最强。""我们要成长为具有国际竞争力的世界级企业，首先要培养一支能管理具有国际竞争力的世界级企业的职业化经理队伍。在企业竞争的诸多因素当中，人的因素是第一位的。"换句话说，想要让企业有更大的发展，必须加强团队的有效协作，实现团队成员的优势互补。

那么，如何打造一支优势互补的合伙人团队呢？

简单来说，要考虑合伙人之间在知识、技能、背景、资源、能力、性格上的互补性，充分发挥每个团队成员的优势，使其产生一种正向合力。

具体来说，合伙人团队成员的知识结构越合理，团队力量越能发挥到极致。三个人合伙创业，必须包括技术类人才、运营类人才和管理类人才，缺少哪类人才，都要积极寻找最合适的人选。

同时，建立优势互补的团队，还需要慎重考虑其他因素。如果合伙人中已有具备战略性眼光的领头人，还需要寻找到能提出建设性、可行性意见及性格沉稳、做事谨慎的合伙人；如果合伙人团队中已有具有国际视角、前瞻视野的海归类人才，还需要寻找了解国内市场运营、消费者心理的本土人才。

高效的合伙人团队应该含有以下几个角色，即推进者、完善者、创新者、实干者、协调者、监督者、信息者、凝聚者等。团队中的合伙人都各有优势和缺点，但是 A 的短板很可能被 B 的优势弥补，B 的不足则被 C 的优势弥补，这样一来，团队就具有了所有成员的优势和能力，其配合度、协调性也能达到统一。

因此，无论是准备合伙创业还是寻找合伙人，企业都需要打造一个优势互补、完美搭配的互补型团队，这也是企业得以持续发展的王道。

▶ 哪些人不应该成为合伙人

合伙人的选择不是随心所欲的，看着某人合眼缘就选择他，看着某人不合眼缘就踢开对方，这是不可取的。选择对的合伙人，直接关系到你的创业梦想能否实现，创业团队能否持续走下去、共创辉煌。

这就是说，选择合伙人要有一定的标准。

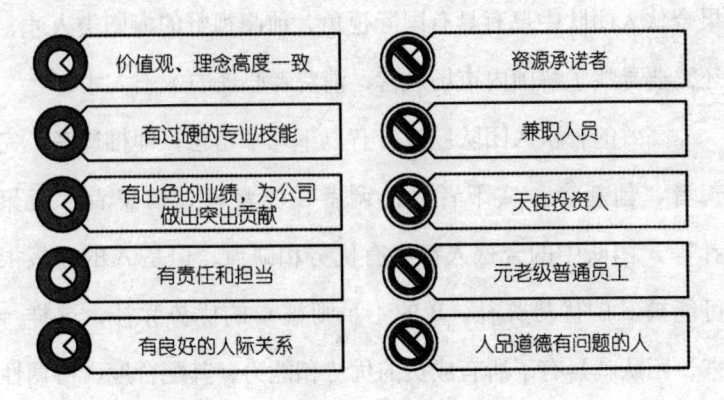

符合条件	不符合条件
价值观、理念高度一致	资源承诺者
有过硬的专业技能	兼职人员
有出色的业绩，为公司做出突出贡献	天使投资人
有责任和担当	元老级普通员工
有良好的人际关系	人品道德有问题的人

选择合伙人的标准

1. 价值观、理念高度一致

无论是初创业还是成熟企业，无论是技术类合伙人还是管理类合伙人，都需要与创始人保持价值观、理念的高度一致。所谓道不同不相为谋，如果价值观、理念存在重大分歧，那么，在日常工作中就会存在冲突和矛盾，很快会分道扬镳。

马云与合伙人共同提炼出阿里巴巴最核心的内容，即目标、使命和价值观。之后，几个人把创业的教训、经验、感受写出来，最后精简到9条，而这9条成为阿里巴巴最早的价值观，即创新、激情、开放、教学相长、群策群力、质量、专注、服务与尊重、简易。

合伙人都认同这9条价值观，他们一同为公司的目标而共同奋斗，并以此为核心发展企业文化。后来，阿里巴巴不断有新人加入，包括新的合伙人、关键性人才，而马云首先看的就是这些人是否认同公司的这9条价值观。如果不认同，即便他再有能力也不会留下。

再后来,邓康明来到阿里巴巴出任集团副总裁,负责人力资源管理。经过考察和协商,将9条价值观进一步简化为6条:客户第一、团队合作、拥抱变化、诚信、激情、敬业。之后的十多年,公司在每个季度都会考核价值感,其中价值观与业绩各占50%,且年终奖、晋升都与价值观考核挂钩。

2. 有过硬的专业技能

合伙人必须是独当一面的人才,具有过硬的专业素养,能在岗位上做出突出成绩。同时,合伙人需要具备管理能力,能领导和影响别人,成为员工们学习的榜样。

3. 有出色的业绩,为公司做出突出贡献

合伙人必须有出色的业绩,为公司做出突出贡献。

在绩效考核中,合伙人需要拿到非常好的成绩,工作效率、工作态度、工作质量处于一流水平,领导的团队也取得了出色的业绩,成为团队的带头人。

在一家公司中,并不是你的工作时间长、资格老就有资格成为合伙人,如果不能达到一定的绩效标准、没有突出贡献,就算资格再老也无济于事。

4. 有责任和担当

合伙人需要有责任和担当,不论是管理人员或技术骨干都需要对自己严要求、高标准,保持高度自律。

合伙人需要对规则有敬畏心,且有足够的奉献精神,不

能推卸责任、挑三拣四,也不能只顾自己的利益而忽视企业的整体利益、员工的共同利益。

5. 有良好的人际关系

对于合伙人来说,良好的人际关系是至关重要的。首先,他应该团结、善待所有员工,赢得员工的信任和支持;其次,他需要与其他合伙人、同事融洽相处,不发生冲突。

既然选择合伙人有一定的标准,那么不符合以上标准的人就无法成为合伙人。当然,为了企业的长远发展,下面这些人也不能成为合伙人。

1. 资源承诺者

什么是资源承诺者?就是指承诺给公司各种资源的人。这些人只是承诺投入资源,但并没有真正参与创业,也没有为公司创造真正的价值,所以不能成为合伙人。

为了企业的发展,对于自愿承诺者可以给予一定的项目提成或是利益,但是不能授予股份,否则很容易造成损失。

2. 兼职人员

很多有固定职业的技术人员,为了赚取利益而到创业公司兼职,提供技术支持或是充当技术顾问。这时候,企业可以给予他薪酬但是不能给其股份,否则就会加大企业风险。

3. 天使投资人

天使投资人不应该成为合伙人。如果天使投资人占大股,就容易出现股票分配不合理的情况,导致创始人丢失公司控制权的情况。同时，很多投资人只出资、不出力，这也会影响公司的发展。

4. 元老级普通员工

很多普通员工在公司创立之初就在工作了，虽然他们在公司的时间长、资格老，但是能力并不突出，贡献也不大。对此，公司可以给予一定的股权进行激励，但是不能使其变成合伙人，否则会出现负面效果。

5. 人品道德有问题的人

任何事都要讲规矩，任何人都需要有好的品德。寻找合伙人时，不仅要关注其能力，更需要关注其人品道德。如果一个人再有才华、技术再好，可是不讲诚信也不能与其合伙。

第八章

合伙风险：
利用合伙人制优势，做万全的风险控制

/第八章/ 合伙风险：利用合伙人制优势，做万全的风险控制

▶ 没有股权激励，合伙人制注定走不远

股权激励是为了长久地留住管理人才、核心技术人员、业务精英，提高员工的积极性、主动性和创造性，以此实现企业利润、企业价值的最大化。

任何企业都可以实行股权激励，上市公司和非上市公司、普通公司，尤其是合伙人制公司引入股权激励机制，可让合伙人不遗余力地经营和管理公司，成为促使公司走向强大的中坚力量。

相对于股权激励模式，合伙人制有一定的优势，它不会留有结构性风险，也避免了股权激励效力不足、被激励对象套现离职的情况。

事实上，很多A股上市公司会出现高管套现离职的情况，而这些高管正是企业股权激励的对象。比如，格力是中国空调行业的领军者，为了吸引和留住核心人才就采取了股权激励的方式。但是，董明珠再想尽办法也无法避免有些骨干人才的流失。

然而，从另一个角度来说，没有股权激励，合伙人制的企

业也注定走不远。原因很简单,企业想要吸引优秀的合伙人,就需要拿出足够吸引对方的股权激励方案,而当企业有新鲜血液流入,它就可以促进企业的内部竞争,激发原合伙人的热情和竞争意识。

另外,有效的股权激励给予激励对象分享的不是股权,而是通过创造、增值分享收益权。在合伙人制度下,合伙人获得一定比例的股权,如果股权激励不能顺利兑现,就可能导致合伙人离开。比如,某合伙人是技术入伙,只有分红权,没有股权、管理权,这在创业初期是可以接受的。到了创业中后期,企业发展越来越稳定,组织结构越来越完善,不让这个合伙人拿到应得的股份和"权力",可能会导致其出走。

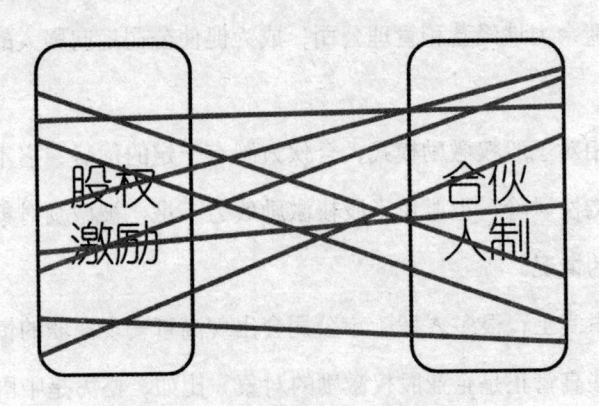

股权激励与合伙人制的"相辅相成"

可以说,股权激励可以让合伙人获得更大的利益,也是对其创造价值的一种认可。对于公司内部的合伙人是这样,对于公司外部的合伙人也是如此。股权激励可以促使合伙人与公司

/第八章/ 合伙风险：利用合伙人制优势，做万全的风险控制

站在统一战线上，更关注公司的业绩和利润增长。

永辉超市就引入了合伙人制，并且对合伙人制进行改革，形成一种新的合伙人制度。前面已经说过，永辉的合伙人制在生鲜类的销售岗位中实行，使得所有一线员工成为合伙人，享受个人和公司创造的价值。同时，永辉还对买手进行股权激励，让他们分享更大的利益，进一步保证买手合伙人的稳定性和积极性。比如，永辉在福建省汶州村建有一个果蔬合作社，负责的买手在永辉工作了10年，正是因为公司向他进行了股权激励，所以他才更愿意与永辉合作。

再如，作为中国互联网业的优秀企业腾讯也推行了合伙人制。当年，以马化腾为首的几个年轻人合伙创立了公司，凭借着敏锐的嗅觉和非凡的能力，他们一步步把公司越做越大。

在腾讯的创始团队中，马化腾是核心领导者，出资最多，所持股权比例也最多。之后，原有的合伙人一个个退出，新的合伙人不断加入，腾讯也进行了组织架构调整，但合伙人之间总能同心协力、共享共担。

后来，腾讯进行第三次重大组织架构调整，原有的事业部重组整合为企业发展事业群、互动娱乐事业群、技术工程事业群、微信事业群，同时新成立了云与智慧产业事业群、平台与内容事业群。其中，平台与内容事业群由任宇昕掌管，他推出了高管合伙人制度，把几个副总裁发展成为合伙人，所有合伙人共享利益、共担责任。还修改了激励模式，事业部整体业务

发展与所有合伙人的年终激励挂钩。

同时，腾讯多次推行股权激励，从上市之后就实行了5项购股计划和3项股份奖励计划，不仅对合伙人、骨干人员进行激励，还对普通员工进行激励。

▶ 风险预估不足，可能是合伙协议出了问题

合伙人制企业想要走得更长远，就需要防范各种风险。如果风险预估不足，很可能导致企业发展不顺，无法达到预期目标，还可能导致内部合伙人之间产生各种矛盾和冲突。这一切，都源于合伙协议出了问题。

可以说，企业既然要选择合伙经营，就需要预估未来可能存在的风险。如果因为合伙人是亲戚、好朋友而相互信任，再加上各方对企业前景有美好的愿望就忽视了其风险性，那么离纠纷和散伙就不远了。

我们一直强调，合伙公司必须签订合伙协议，且要保证每个合伙人的权益。这里详细阐述合伙协议应该包括哪些内容，以及合伙协议要如何签订。

1. 合伙协议的内容

任何事情都有其两面性，有利就有弊。合伙创业前，明确合伙人应该负责的事务、股权、应承担的风险和分享的利益，且把合伙协议写清楚，相互制约、相互监督，即便出现纠纷也可轻松解决。

根据合伙企业法有关规定，合伙协议应该明确以下事项：合伙企业的名称和主要经营场所的地点；合伙目的和合伙企业的经营范围；合伙人的姓名及其住所；合伙人出资的方式、数额和缴付出资的期限；利润分配和亏损分担的方式；合伙企业事务的执行；入伙与退伙的要求与协议；合伙企业的解散与清算；违约责任。

合伙协议中，还应明确利润分配与双方的权利义务，说明分享利润和承担损失的方式、具体事务的承担，在公司经营过程中合理支出的计算；明确合伙人的投票权和决策权，尤其是涉及企业重大事务时；明确合理的财务制度，尤其是企业财务会计制度，为股东提供真实可靠的财务报表。

2. 签订合伙协议要注意的事项

第一，合伙前，每个合伙人需要整理自身账目，明确自己投入的资金、资源、物力、人力的具体明细，确保自己能获得的相应权益。同时，合伙人还需要审核彼此的资本实力，检验对方是否有合伙资格，是否存在资产作假行为。

第二，合伙人必须对出资数额、盈余分配、债务承担、入伙、退伙、合伙终止等事项订立书面协议，并且依法进行登记。

第三，必须在合伙协议中明确合伙财产的归属问题，而不是把合伙财产简单地归为合伙人共有。比如，某合伙人以房屋使用权或土地使用权出资的，在合伙期间，所有合伙人享有使用权不享有所有权；以劳务或技能等非财产权出资的，虽然这些可以进行价值评估，但是不能成为合伙企业的财产。另外，如果合伙人以商标或专利等无形资产出资，就需要在合伙协议中进一步明确，是以所有权出资还是以使用权出资。

在合伙协议中，还需要对合伙事务的决策进行说明，可以是合伙人不论出资多少，都按照每人一票的方式决定事务；也可以按照合伙人的出资比例，分配其享有的决策权利；还可以根据决定事项、合伙人的优势来设计解决机制。无论采用哪一种方式，合伙人必须事前言明自己的意愿，通过协商确定方案，如此才能避免之后产生分歧。

3.有限合伙人和普通合伙人之间的区别

合伙企业可以分为有限合伙人制和普通合伙人制，而有限合伙人和普通合伙人是有区别的，如果在协议中不能明确其区别，就会承担比较大的风险。

有限合伙人以认缴的出资额为限承担企业的债务，普通合伙人对企业的债务承担无限连带责任；有限合伙人可以与本合伙企业交易，但是普通合伙人不可以；有限合伙人不受竞业条例限制，而普通合伙人受其限制；有限合伙人可以按照合伙协议向合伙人以外的人转让股权，提前30天通知其他合伙人即可，普通合伙人则必须经过其他合伙人一致同意才能转让股权……

总之，合伙企业绝不能只有好的预期而忽视其可能存在的风险。合伙企业需要防范外部力量导致的风险，更需要防范内部合伙人机制导致的风险。

▶ 合伙人不可忽视的股权代持风险

股权代持，又称委托持股、隐名持股、股权挂靠，是指实际出资人与名义出资人以协议或其他形式约定，由名义股东代实际出资人履行股东的权利义务，由实际出资人履行出资义务并享有投资权益。名义出资人为代持人，实际出资人为被代持人。

随着合伙企业越来越频繁地出现，更多创始人在设置股权时会采取股权代持的方式。这不仅是合法的，在某些情况下也是必要的。比如，公司法对有限责任公司的股东人数有一定的规定，其上限是50人，那么就需要选择股权代持。再如，被代持人未成年,其监护人就可能成为代持人。

虽然代持股权很普遍,但是这种方式也有很多风险和隐患。

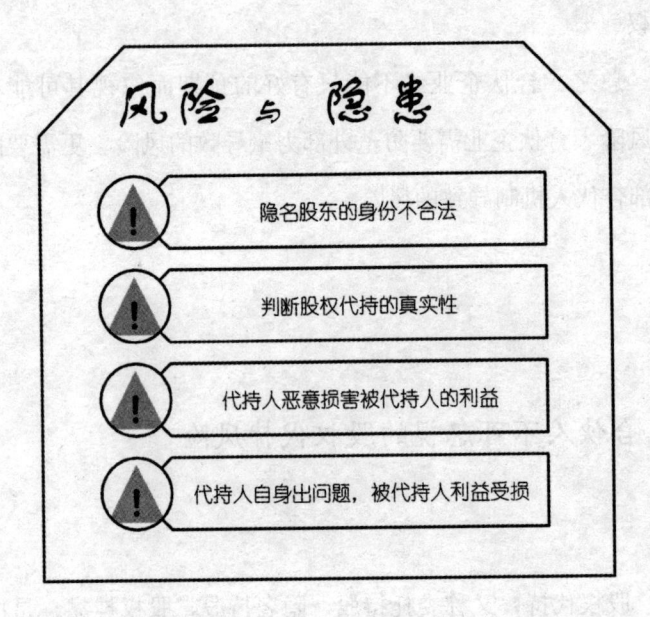

风险与隐患

- 隐名股东的身份不合法
- 判断股权代持的真实性
- 代持人恶意损害被代持人的利益
- 代持人自身出问题,被代持人利益受损

1. 隐名股东的身份不合法

如果隐名股东的身份不合法,就不能实行股权代持。比如,股东身份为政府领导干部、公务员、军人、国有企业领导干部、外籍人士或机构,以及违背竞业规定的人员,是不能成为公司股东的。

2. 判断股权代持的真实性

代持人和隐名股东可能存在纠纷,所以需要判断股权代持的真实性。

如果代持关系成立，代持人和隐名股东没有签署委托持股协议，只要代持人出具《关于所持股权实际归属情况的说明》，就可以有效明确股权的实际归属。

同时，对公司实际出资的，需要看隐名股东的资金从哪里来，来源是否合法；投资资金是自有资金还是借贷资金，如果是借贷资金，需要借款人确认，明确借款人对代持股权不存在争议或权利主张。

如果股权代持期间，代持人实际享有股东权益，享受分红，在股东大会审议事项的表决及签署，并且在公司经营过程中投入资产、设备、资金或人力资源，就意味着代持关系不存在。

3. 代持人恶意损害被代持人的利益

在股权代持期间，很可能出现代持人擅自转让股份、质押股份等行为，或是存在股利取得、股份表决权的行使、资产分配等违背实际出资人本意的行为，给实际出资人带来巨大的利益损失。事实上，因为实际出资人并不能获得法律认可的股东地位，所以很难控制这种行为的发生。

4. 代持人自身出问题，被代持人利益受损

因为代持人以自己的名义代实际出资人履行股东的权利义务，如果代持人自身出了问题，实际股东的利益就会受损。比如，代持人由于自身原因出现了诉讼问题，被法院冻结保全或者执行名下资产，其代持股权也会被保全或执行。代持人欠下

了巨额债务,实际出资人的股权也可能被查封或拍卖。

如果代持人去世或是丧失了民事行为能力,实际出资人必须出具股权代持关系存在的证明才能保护自己的利益,否则就可能陷入股权纠纷或是利益受损。

比如,A和B合伙创办了一家公司,A出资40万元,B出资60万元,A委托B代持自己40%的股权,且B负责公司的经营管理活动。公司利润不断增长,但是一直没有分红,几年后,B发生交通事故而身亡,其子C成为公司的管理者。此时,A要求C归还代持的40%股权并给予分红。但是,A不能出具证明股权代持关系存在的充足证据,比如代持协议、实际出资证明、实际参与公司管理、参加股东会等证明,最后遭受了很大的经济损失。

那么,如何有效避免这些风险呢?

1. 签订股权代持协议

合法的股权代持关系中,实际出资人的财产性权利是受法律保护的。所以,合伙人之间必须签订股份代持协议,并且保障股权代持协议的有效性、合法性和合理性。在协议中,需要详细约定双方的权利义务与违约责任并公证。

2. 设立股权质押担保

股权质押又叫作股权质权,是指出资人用其所拥有的股权作为质押标的来设立的质押。

签订股权代持协议时,将代持人的股权作为质押标的物,向实际出资人办理质押担保。这样一来，就可以约束代持人的行为，避免其擅自转让、变卖实际出资人股份或是将代持股份向第三方提供担保。

3. 约定股权代持的退出程序

为减少实际出资人的风险，可以提前约定好股权代持的退出程序，比如签订《股权转让协议》，可以不写日期，只是确保有案可查。

当然，除了被代持人外，代持人在股权代持的过程中也存在风险。比如，代持人需要承担出资义务的风险，因为我国实行资本认缴制，公司成立时出资一般是未实际到位的。而公司法规定，股东有按期足额缴纳出资的义务，一旦实际出资人不履行出资义务或不足额缴纳出资，名义股东就需要承担未完全出资的责任。

名义股东，只有在承担责任后才能根据代持协议向实际出资人追索。同时，代持人需要承担诉讼风险——如果实际出资人参与了公司的经营管理且违反了相关法律法规，代持人就可能被牵连。

因此，无论是代持人还是被代持人都需要防范风险，提前签订协议保证自己的合法权益。

▶ 强强合并，会产生创始人出局的风险

随着市场竞争的日益激烈，以及投资市场对于创新公司的青睐，公司的重组并购现象十分普遍。这种强强合并，可以大大提升公司的竞争力，减少行业间的相互消耗，进而促使公司获得更大的经济效益。不过，合并后的新公司势必会产生一些不稳定性因素，企业创始人可能面临出局的风险。

一位运营互联网公司的专业人士表示：实际上，创始人未必都愿意公司重组合并，只是在资本运作的驱动下，不得不合并而已。公司合并后，一方团队创始人势必会出局，因为一家公司不可能同时存在两个"当家人"。现实情况确实如此，尤其是互联网行业，公司合并后，创始人出局已经成为常态。

2015年4月，58同城宣布战略入股赶集网，两家公司实现强强合并，58同城获得赶集网43.2%的股份，其中包括3400万份普通股及4.122亿美元现金。合并后，姚劲波与杨浩涌担任联席CEO，并同时担任联席董事长，共同向董事会汇报，共同拥有新公司重大事项的决策权。

在新公司业务上，姚劲波和杨浩涌负责不同的板块，新公

/第八章/ 合伙风险：利用合伙人制优势，做万全的风险控制

司则采取双品牌战略，58同城和赶集网保持独立运营，各自的管理体系和员工工作体系基本保持不变。

仅一年时间，杨浩涌就卸任新公司CEO一职，但保留集团联席董事长职位，其在公司的投票权和持股比例保持不变。之后，公司股权发生了很大变化。姚劲波持有11.30%的股份为新公司第二大股东，第一大股东为腾讯持有22.90%的股份，杨浩涌持有7.95%的股份。

优酷和土豆的合并也是如此。2012年3月，作为国内视频网站行业的佼佼者，优酷和土豆宣布合并。合并后，双方的网站、品牌和销售团队保持独立运营。优酷股东及美国存托凭证持有者将拥有新公司约71.5%的股份，土豆股东及国外存托凭证持有者将拥有新公司约28.5%的股份，同时土豆退市。

合并时，新公司重组了管理层与董事会，优酷原有7名董事，除古永锵、刘德乐为执行董事外，其他都是非执行董事，而王微和另一机构股东代表为新增董事。同时，新公司管理层中的20名副总裁，其中12名来自原优酷，8名来自原土豆，王微不再负责具体业务，只是从董事会、战略层面推动新公司的业务发展。换句话说，王微被架空了。没过多久，王微宣布退休离开优酷土豆，后来成立了动画电影工作室，开始新的创业。

除此之外，滴滴和快的合并，快的CEO吕传伟出局；携程和去哪儿合并，去哪儿网CEO庄辰超出局；美团和大众点

评合并，大众点评 CEO 张涛也出局了……

两家公司合并，实现了强强联合，但是也给创始人或合伙人带来了风险。尤其是资本介入之后，管理层被重组，创始人和合伙人就很难保住其职位及对公司的控制权，出局就成为必然。

简单来说，投资人看到好的风投项目或是发现前景较好的企业，就会积极投资，且选择为强势的一方站台。这样一来，公司合并后，投资人或是强势企业就会掌握主动权，利用手中的权力打压创始团队成员，进一步掌控公司。

那么，如何避免公司合并之后，创始人或创始团队不被控股方架空呢？

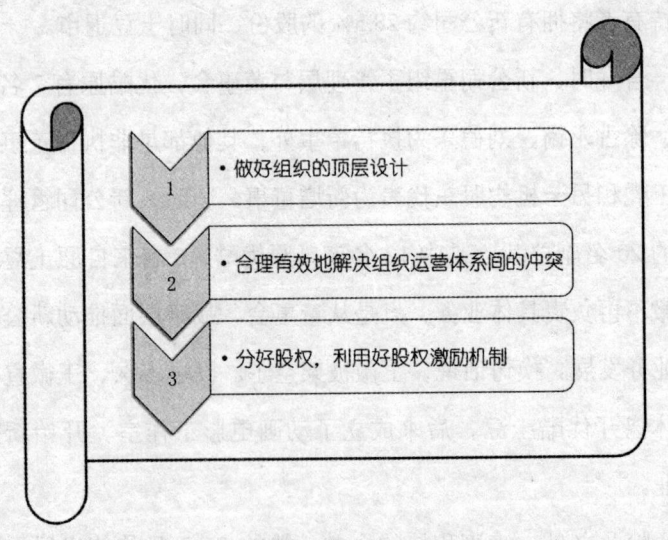

1. 做好组织的顶层设计
2. 合理有效地解决组织运营体系间的冲突
3. 分好股权，利用好股权激励机制

公司合并需要注意的问题

1. 做好组织的顶层设计

所谓"顶层设计",就是最高一层的设计、控制性高度下的一个系统优化。作为公司的创始人或管理者,需要做好股权架构和机制的设计,做好决策团队的设计。

组织管理的顶层设计包括三方面,即建架构、搭班子、定机制。架构设计,需要根据企业战略目标的需求,科学地安排各项岗位职能;搭班子时,则需要打造一个专业精进、核心价值观相同、团结有力、分工明确的决策团队;同时,需要围绕战略经营计划定下规则,明确经营责任,构建会议管理、监控系统,实现管理的体系化。

2. 合理有效地解决组织运营体系间的冲突

企业合伙或合并前,需要合理有效地解决组织运营体系间的冲突,协商运用哪种运营体系更有利于新公司的正常运作,能避免日后发生的若干冲突。

3. 分好股权,利用好股权激励机制

创业的基础主要有两个,一个是团队,一个是股权结构。所以,创始人需要分好股权,用最少的股权融到更多的资金。同时,利用好股权激励机制,实现团队的高度协作、相互信任。

▶ 股权稀释：如何巧妙应对股权众筹融资的风险

合伙人制企业在创立之初，股份基本上为合伙人所持有。之后为了筹资，创始人团队会拿出部分股份，用股权激励的方式把股权授予管理层、核心人员，或是用融资的方式把股份转让、出售给投资人。同时，为了企业的发展壮大，企业会选择上市，面向公众进行更大范围、更大规模的融资。

于是，创始人团队会面临股权稀释的风险：创始人的股权可能由 51% 稀释到 10%～20%，合伙人的股权可能由 20% 左右稀释得更低一些。当股权被稀释，就意味着创始人团队可能失去了对公司的控制权，落得被架空的结局。

比如，蘑菇街由陈琪、岳旭强、魏一搏合伙创立，之后与美丽说合并。经过几轮融资，创始人团队的股权被稀释。上市前，蘑菇街董事和高管所持股权比例只有 19.4%，大部分股权掌握在投资人手中。

后来，蘑菇街在纽交所挂牌上市。上市后，蘑菇街董事和高管所持股权比例下降，占 18.5%。其中，创始人陈琪持有股权占 11.3%，联合创始人岳旭强持有股权占 3.0%，联合创始人魏一搏持有股权占 4.0%。蘑菇街第一大股东腾讯持有股权占比 17.2%，其他主要股东还有高瓴资本、挚信资本、贝塔斯曼、平安创新、蓝驰创投、启明创投、红杉资本等。

因为蘑菇街采用 AB 股双股权架构，在首次公开募股中发行 A 类普通股。A 类普通股和 B 类普通股在转换权和表决权上有所不同，即 A 类普通股含 1 股表决权，而 B 类普通股含 30 股表决权。陈琪持有公司全部的 B 类普通股，所以持有 79.3% 的表决权，岳旭强持有 0.7% 表决权，魏一搏持有 0.9% 表决权，意味着陈琪和创始人团队拥有公司的控制权。

之前，蘑菇街为了吸引人才，激发员工的积极性，对员工进行股权激励，授予员工一定比例的股票期权。当时，公司的期权数量不少，虽然员工的工资打了折扣，但是很多员工选择购买公司的股权期权，其中有人甚至花了十几万元购买期权，希望能实现自己的财富梦。

然而，股权被严重稀释之后，这些员工手里的期权就缩水了，1 股期权等于公司 1/25 的股权。蘑菇街上市当日，每股收盘价格为 14 美元，持平于发行价。如果以老员工 20000 股期权来算，20000（期权）÷25（基数）×14（股票价格）×6.9（当时汇率），其员工最多只能拿到价值不到 10 万元的股票，还需要等到禁售期后才能售出，再扣除税费，损失就更大了。一旦公司市值下降，股票下跌，那些期权就会越来越不值钱。当股票价格低于期限行权价格时，这些员工还会赔钱。

实际上，公司上市，股权都会被严重稀释，不仅投资人、合伙人如此，员工更是如此。蘑菇街中那些希望与公司共发展的老员工，不仅没有实现财富梦，反而损失严重。

其实，这样的现象并不是偶然的，优酷、爱奇艺、猎豹等公司上市时都是如此，只是没有蘑菇街被稀释得严重罢了。

那么，如何应对股权稀释的风险呢？

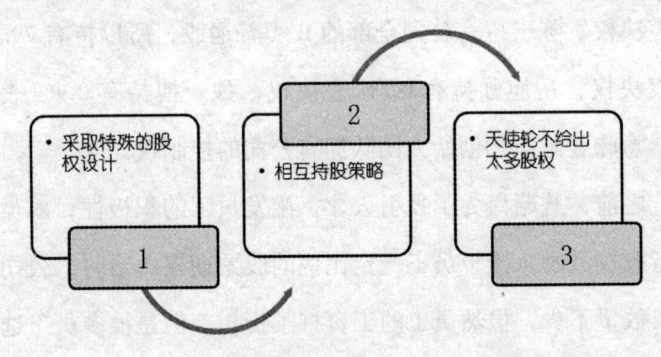

- 采取特殊的股权设计 1
- 相互持股策略 2
- 天使轮不给出太多股权 3

如何应对股权稀释带来的风险

1. 采取特殊的股权设计

为了防止股权稀释导致创始人失去对公司的控制权，创始人可以采取特殊的股权设计，即 AB 股股权结构。这样一来，股权虽然被稀释，但是能掌握大比重的投票权，就可以保证自己在公司占据主导地位，保证公司组织架构不被破坏。

2. 相互持股策略

创始人必须建立合理的股权结构，通过增持股份、增加持股比例等方式防止股权被稀释，避免股权被恶意收购——在股权分散的情况下，如果一方持有 25% 的股权就可以控制公司。

所以，创始人团队应该根据自身情况决定控股情况，防止股权占比过低。

创始人还可以采取相互持股策略，即与投资人达成协议，相互持有对方股份，以便促使对方不将手中的股权转让给第三方，或是恶意收购。

3. 天使轮不给出太多股权

融资必定会产生股权被稀释的结果。通常，第一轮融资即天使轮，主要由天使投资者出资，融资规模一般在200万元~2000万元，公司可以给出10%左右的股权。接下来是早期风投，通常会投资2000万元左右，给出20%~30%的股权，然后是第三轮、第四轮融资，直到公司上市。

需要注意，天使轮融资下不能让出过多股权，最好保持在10%左右，否则创始人的股权被稀释得越来越多，很快就失去了控制权。另外，创始人也需要明白，融资不等于股权转让，融资是企业引进资金再发展，投资人成为新股东取得一定比例的公司股份，这不同于创始人转让公司股权。

▶ 学习税收政策，应对涉税风险

合伙企业的纳税人不是合伙企业本身，而是全体合伙人。无论是普通合伙人还是有限合伙人，都需要按照自然人和法人的不同性质依法缴纳税收。然而，很多合伙人或合伙企业却不懂得税收政策，以至遭遇到一些不必要的涉税风险。

那么，合伙人应该如何防范和应对涉税风险呢？

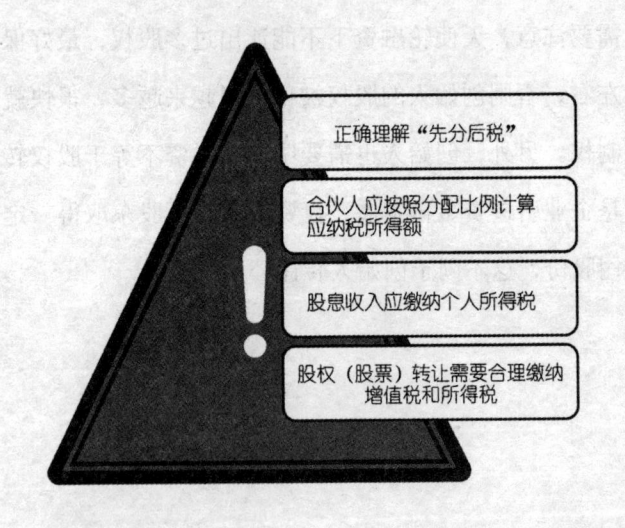

- 正确理解"先分后税"
- 合伙人应按照分配比例计算应纳税所得额
- 股息收入应缴纳个人所得税
- 股权（股票）转让需要合理缴纳增值税和所得税

1. 正确理解"先分后税"

"先分后税"，分的不是企业利润，而是应纳税所得额。

应纳税所得额，是根据限额计算扣除而得出的。根据相关规定，合伙企业的法人当年应分得的利润，应并入本企业的所得额，计算缴纳企业所得税。法人合伙人应分配的应纳税所得额，直接并入法人合伙人的应纳税所得额。这是合伙企业所得税管理的重要规定。

但是，很多合伙企业和合伙人却错误地认为，先分配企业利润，然后再纳税。甚至有些合伙人认为，如果合伙企业没有利润或是利润没有分配，就不需要纳税。这样的误解，导致很多有利润的合伙企业没有足额缴纳个人所得税，或延迟缴纳税款。

2. 合伙人应按照分配比例计算应纳税所得额

还有些合伙人认为，应该按照出资比例计算应纳税所得额。实际上，这也是错误的理解。

个人合伙人应该按照分配比例计算应纳税所得额，缴纳个人所得税。法人合伙人和其他组织合伙人则应该把计算所得并入各自当年应纳税所得额，由法人及其他组织申报和缴纳企业所得税。

法人合伙人和其他组织合伙人在计算其应纳所得税时，不能用合伙企业的亏损抵减盈利，否则就涉嫌偷税行为。

3. 股息收入应缴纳个人所得税

合伙人分享的股息收入，不需要缴纳增值税，但是需要缴纳个人所得税。

个人所得税法相关规定指出：合伙企业对外投资分得的利息、股息、红利，不并入企业收入，但是应当单独作为投资者个人取得的利息、股息、红利所得缴纳个人所得税。

以合伙企业名义对外投资分得的利息、股息或红利，合伙人是自然人的，须按照20%的比例缴纳个人所得税。合伙人是居民企业的法人合伙人，合伙企业投资的对象也属于境内居民企业，法人合伙人所得的股息、红利不直接投资于其他居民企业所取得的投资收益，也不满足相关税法的免税条件，则不享受企业所得税的免税优惠。如果法人合伙人不了解相关税收政策，很可能涉嫌偷税漏税。

4. 股权（股票）转让需要合理缴纳增值税和所得税

合伙人股权转让，所得收入需要缴纳增值税。

转让金融商品，比如外汇、有价证券、期货等；转让金融衍生品，包括基金、信托、理财产品等。其中，有限责任公司的股权不属于有价证券，股份有限公司的股票则属于有价证券。所以，合伙人转让有限责任公司的股权不需要缴纳增值税，而转让股份有限公司的股票则需要缴纳增值税。

另外，我国税法规定：对合伙企业从事股权（股票）、期货、基金、债券、外汇等交易取得的收入，应全部纳入生产经营所得，合伙人应当依法缴纳个人所得税，同时对于股息、红利、股权（股票）转让所得的纳税，各地的规定不同，征收标准、税率也有所不同。

总之，无论是什么形式的合伙企业，无论合伙人是自然人、法人还是其他组织，都应该注重纳税问题，积极学习税收政策，合理合法地纳税。如果遇到不能明确的细节问题，须请教专业的财务人员或是咨询财务代理公司，否则就可能遭遇涉税风险。